平凡社新書
1041

地名の原景

列島にひびく原始の声

木村紀子
KIMURA NORIKO

HEIBONSHA

はしがき

人名と地名とは、どちらも新たな生成を包容しながら、総じて固有名詞と言われるものの双璧である。

初対面の人に名まえを確認する時には、対話しながらその漢字を確かめたり、貰《もら》った名刺をまじまじ見たりして、「珍しいお名まえですね」などと言ったりするが、それ以上に、その名の意味をせんさくして尋ねたりは、普通はしない。

他方、住んでいる所や、何らかの縁《ゆか》りのある地名が、ちょっと見に意味が取りにくい当て字だったりすると、もとはどんな意味や謂《いわ》れを持っているのか知りたくなる人も、少なからずあるだろう。各地に地名研究の趣味の会があるのは、古い文献など乏しい地域でも、在地の古そうな地名は、何ほどか文献に代わって、その地の遠い歴史を窺うよすがとなると考えられるからである。

ところで、古事記や古風土記などのいわゆる初期文献には、大昔の神々や王が、巡行したり流離したりする道すがら、その行為や言挙げ〈声〉を道々にいわば落とし歩いて、それが地名となって遺《のこ》っているといった物語がしばしばあるが、そのことは、地名に、どんな意味や謂れがあるのかという人々の興味が、大昔からあったことを語ってもいる。それほど、所々に〈声〉で何かをしるし残すという行為は古く、文字のなかった時代、その声が消えてしまわないように、インパクトのある物語を絡めて口から口へと伝承する行為も、いわば神代ほどに古かったということでもある。

地名研究は、近代になって、吉田東伍博士の『大日本地名辞書』という大著が刊行された明治末以降、ブームともいえる人々の関心の高まりもあって、戦後の昭和後期には、『角川日本地名大辞典』、平凡社『日本歴史地名大系』といった、各地の研究者の総力を結集もした大辞典が続々刊行され、日本列島津々浦々の地名はことごとく調べ尽くされたかと思えば、そうとも限らず、身近には、まだ拾われていない古そうな地名があったりする。

列島上の、野にも山にも里にも川辺・海辺にも、星の数ほど無数に貼りついている地名の一つ一つには、誰とも知れぬ人の初発の声が響き、半ば無意識に呼び続けてきた人々の声が響き合って今に遺っている。本書は、そもそもそうした原初の地名の〈声〉が、この列島上ならではという自然環境の中で、どのような生まれ方をしたかの一端を探る、ささやかな試みである。

地名の原景●目次

Ⅲ 先史を秘めた奇妙な当て字地名……129

結びにかえて――タ(田)の来歴……181

I　日本列島の原景語

1　ノ・ヤマ(野山)

今はむかし、竹取の翁《おきな》といふものありけり。野山にまじりて竹を取りつつ、よろづのことに使ひけり。

というのは、よく知られたかぐや姫のお話、竹取物語の原文の冒頭である。竹取翁の日々の生活は、もっぱら「野山」で竹を採り、それをさまざまに細工して人にも売る、あるいは、早春には、食となる筍《たけのこ》を掘り商《あきな》うといったところで、成り立っていた。人によっては、竹が、菅《すげ》や茅《ち》萱《がや》等利用できる限りのいわば野良生《のらば》えの植物となり、それらを、「わが占めし野山の浅茅《あさぢ》」（万　一三四七）などと競って占有もして、生業《なりわい》としていたのである。竹取物語より古い成立の万葉集では、「野山」という語は、この例を含め二度しか見えないが、

足引きの山にも野にも御狩人《みかりびと》　得物矢《さつや》手《た》ばさみさわきて有り見ゆ　（九二七）

山の辺に射行く矢《さ》つ男《を》は多かれど　山にも野にもさ牡《を》鹿《じか》鳴くも　（二一四七）

などと山と野とが対語となって出て、人々の活動の場はいずれにせよ、山と野だというわけだった。遠い昔、人々が「さつを」だった日々を揺曳しながら、今は専業職となった「御狩人」の活動を、万葉集の頃の大宮人も、おのずと野山での心魅かれる景として見ていたのである。あるいはまた、

　忘らむて野ゆき山ゆき我来れど　わが父母は忘れせぬかも　（四三四四　防人歌）

　玉桙《たまほこ》の　道行き人は　足ひきの　山行き　野行き　にはたづみ　川行きわたり　いさなとり　海道《うみぢ》に出でて　……　（三三三五）

というように、防人《さきもり》に徴用された東国の若者も、玉桙を携えて旅する行路修行者も、郷里を離れて旅するところは、ともかく「草木茂盛」（魏志倭人伝）する「野山」であった。

「サキ守り」とは、

　……　旅行く君は　五百隔《いほへ》山　い行きさくみ　賊《あた》守る　筑紫に至り　山のソキ　野のソキ見よと　伴《とも》の部《へ》を　班《あか》ち遣《つかは》し　……　（九七一）

というように、人皆が生きる拠り所である野や山のソキ（最果て）を、賊が侵さないよう守るべく遣わされた人々であり、抽象的な「国」守りというのではなかったのである。

しかしながら、温暖湿潤なこの列島にあって、野山はそのままでは踏み入るのも容易ではないほどに草木が繁茂しており、近場の野山で野宿をするのさえ一苦労だった。

隠口《こもりく》の　泊瀬《はつせ》の山は　真木立つ　荒山道を　岩根《いはがね》　さえき押靡《おしな》べ　坂鳥の　朝越えま
して　玉かぎる　夕さりくれば　み雪降る　阿騎《あき》の大野に　旗すすき　篠《しの》を押靡《おしな》べ
草枕　旅宿りせす　古昔《いにしへ》思ひて　（四五　人麻呂）

ちなみに、「剣（つるぎ・たち）」とは、本来武器ではなく、「蔓切《つるき》」にせよ「断《た》ち」にせよ、絡まり繁る野の草木をサクム（切り開く）道具として生まれたと思われる。あるいは、「草分け（開基の意）」「露払い（貴人の先導）」などの後々の表現も、「その草深野」（万四）での活動の実感から生まれた比喩だろう。ただし、

冬こもり春の大野を焼く人は　焼き足らねかも吾が情《こころ》焼く　（一三三六）

冬こもり　春さり来れば　野ごとに　着きてある火の　（一九九）

といった「野焼き」によって、有用な草々の発芽を促し採取を容易にする野の管理方法も、いわば神話時代からあったようである。

ところで、言葉としてのノ・ヤマは、単なる地勢あるいは地形を指すもので、普通「地名」の範囲には入らない。ところが、たとえばその「野」が大きい（オホ）か小さい（ヲ）かというだけで、もうそれは地名となる。大小を限定することは、一定個別性を限定することになるからである。

「大野」は、右に挙げた「春の大野」と歌われると、どこの大野かなと思ったりするが、万葉集の「大野」は、先に挙げた「阿騎の大野」（四五）や、「宇陀の大野」（一九一）、「越《をち》の大野」（一九四）等、れっきとした地名で限定する場合がほとんどである。狭い集落の中だと、「大野」といえば集落の人々にとっては、どこと決まっているが、他所には他所なりにそれぞれ大事な生活の場の「大野」がある。その感覚は、今日まで継承されて、「大野」という地名は、旧国名を冠して限定したり、市名にまでなって、各地に点在している。

他方、「小野」も、万葉集には「大野」同様、

み吉野の　あきづの小野の　野の上には　……　御狩《みかり》そ立たす　春の茂野に
（九二六）

栗栖《くるす》の小野の萩の花　（九七〇）

山品《やましな》の石田の小野のははそ原　（一七三〇）

天《あめ》なるささらの小野の七相菅《ななふすげ》　（四二〇）

等、地名の限定を伴う「小野」も出る。それは、末尾の例のように、いわば想像上の「天《あめ》」にもあるものだとしている。ただし、どこにでも幾つもある「小野」は、地名以前の単なる「野」と連続的でもあって、

霍公鳥《ほととぎす》声聞く小野の秋風に　萩咲きぬれや声の乏しき　（一四六八）

さ牡《を》鹿《じか》の朝伏す小野の草若み　隠《かく》らひかねて人に知らゆな　（二二六七）

真《ま》葛《くず》延ふ小野の浅茅《あさぢ》を心ゆも人引かめやも　吾がなけなくに　（二八三五）

などの「小野」は、地名とは言い難い用法で、その場合の「ヲ」は、いわば好ましい感覚

をちょっと添えた接頭辞的でもある。次項の問題になるが、「川」の場合でも、現代でも「大川」は、北海道から九州まで、各地にその名の川が流れているし、市名にもなっていたりする。水都を自称する大阪府の「大川」など、古来の天神祭が催される地区の中心として大切に思われている川である。一方「小川」というのは、「門辺の小川」という風に、懐かしい田舎の身近な景をなし、個々の人にとって、個々の小川は個別性のあるものだが、そのままでは固有地名にはなりえない。同様の「小山・小島・小浜」等、「ヲ→オ」の上接語は、地勢語と地名との中間にある語だともいえよう。

ところで、人名（姓）は、古来地名から転用されたものが多く見られるが、「小野」についていては、小野妹子・小野老そして小野小町等、古代早々に著名な人名に転位していたことが知られる。それぞれ、どこの小野から発祥したのかは不明だが、その地縁としての「小野」にこだわりがあったゆえの一族の自称だったのだろう。なお、「小町」はコマチで、ヲマチではない。

「小」に対応する和語は、「ヲ」「コ」の二つがすでに初期文献から混在して出る。先に挙げた「小山・小島・小浜」などは、ヲ・コどちらの場合もあるようだが、見てきたように、「小野・小川」などは、古代から現代までヲ（→オ）でしか言わない。一方、「小鳥・小松・小雨《さめ》」などは、コでしか言わない。初期文献頃に出来たと推測される「コメ（小米。

小ぶりの米《め》、短粒米）・コマ（小馬。良馬《うま》に対する在来種の小ぶりの馬《ま》）」（なお米《め》・馬《ま》は当時大陸・半島・列島での共通語）などの例を考えると、おそらく、コは、当時の狭義のヤマトコトバ（ヤマト政権系の人々の言葉）、それに対して、開口の大小に対応したオホ（大）とヲ（小）は、より原始土着的な語の可能性があるだろう。以後、政権中枢の言葉として、新語等ではコが標準ともなって優勢のまま、今日に至っている。

とまれ、本題に戻れば、要するに大昔よりこの列島に生きてきた人々にとって、「野山」こそが、その生死を託している自然環境そのものであったということであった。

2 ヤマ・カハ(山川)

「うさぎ追いしかの山　小ぶな釣りしかの川」という山・川は、歌う人それぞれにとっては特定の忘れがたく懐かしい故郷の景である。「昔々、おじいさんとおばあさんがありました。おじいさんは山に柴刈りに、おばあさんは川に洗濯に行きました。」というのは、人みな周知の昔話「桃太郎」の語りはじめである。

これらから見ると、この列島の人々にとって、個別性の際立つ頂《いただき》のある「山」に対応して捉えられるのは、ただ茫漠と広がる「野」よりも、個別的な認識に繋《つな》がる、野の上を往く「川」の方が、思いをかけやすかったのだろう。

万葉集では、「山川」「山河」と合体して出る例は、二例に過ぎなかった「野山」に比べて多く、二十六例もある。「川」と「河」との意味的区別はないようで、同義字として適当に使っている感じだが、その意味合いは、同じく柿本人麻呂の作とする歌でも、

山川も依りて仕ふる　神ながらたぎつ河内《かふち》に船出するかも　（三九）

足引きの山河の瀬の鳴るなへに　弓月高《ゆつきがたけ》に雲立ちわたる　（一〇八八）

という二首で見ると、明らかに相違がある。先の歌は、人麻呂が吉野離宮行幸に従駕した際に詠んだ長歌の反歌だが、長歌では、離宮の高殿から見渡せる山と川の素晴らしさを讃嘆して歌っており、反歌は、その「山と川」とが依りそってお仕えする河内で船遊びするよ、といった意となっている。ところが後の歌の「山河」は、いわば「山中の河」を言い、瀬音を立てて流れ下る谷川のことである。

万葉集では、二十六例のうち十五例が「山と川」の意、残り十一例が「山中の川」の意で、ほぼ二分して出る。後世、訓《よみ》を付ける場合、「山と川」の場合は清音で「ヤマカハ」とし、「山中の川」の場合は「ヤマガハ」と濁音にして、区別したりしているが、当時の声で歌われる時の実際はどうだったかは、今一つ分からない。

なお、「谷川」は、万葉集に一例しか出ず、それは、

大王《おほきみ》の御笠《みかさ》の山の帯にせる細谷川の音のさやけさ　（一一〇二「河を詠む」）

というものだが、

真金《まがね》吹く　吉備《きび》の中山　帯にせる　細谷川の　音のさやけさ　や　（催馬楽）

という、平安初期の文献には「吉備国の歌」との注記もあって、吉備国の民謡出自かと思われる歌が、繁栄の平城京の歌祭り（歌垣→催馬楽）の場に伝わり、万葉集歌は、あるいはその替え歌だったかと推察される。少なくとも「谷川」のことは、「山川《やまがは》」というのが万葉語だったと見られるからである。

「山と川」とする歌で、「山川清《きよ》み」といった直接の讃辞用法以外で、注目されるのは、

天皇《おほきみ》の　命《みこと》かしこみ　夷放《ひなさか》る　国を治むと　足ひきの　山河隔《へだ》て　風雲に　言《こと》は通へど　正《ただ》に遇はず　日の累《かさ》なれば　……　（四二一四）

山川を中に隔《へ》なりて遠くとも　心を近く思ほせ吾妹《わぎも》　（三七六四）

情《こころ》ゆも吾《あ》は思はずき　山河も隔たらなくにかく恋ひむとは　（六〇一）

というように、「やま・かは」が、鄙《ひな》（地方）に赴いた京人《みやこびと》にとって、容易には越えられない京《みやこ》との隔てであるとされていることである。「高山を隔てになして」という歌句も複数出るが、これらは一定当時の京人《みやこびと》の感覚だったかとも思われる。国境いが、川や山の稜線ということはよくあることだが、「山河を隔つ」とは、地理的にというだけでなく、心情的な距離感が、古代の人々には大きかったことが窺われる。

さて、そうした人や国を隔てる、実感はやや乏しい「山川」よりも、もっと身近な「山川」については、次のような捉え方があった。

……明日香《あすか》の　旧《ふる》き京は　山高み　河とほしろし　春の日は　山し見がほし　秋の夜は　河し清《さや》けし　朝雲に　鶴《たづ》は乱れ　夕霧に　蛙《かはづ》は騒く　見るごとに　哭《ね》のみし泣かゆ　古《いにし》へ思へば　（三二四「神岳《かむをか》に登りて山部赤人の作る歌」）

大王《おほきみ》の　遠《とほ》のみかどそ　み雪降る　越《こし》と名に負へる　天《あま》ざかる　鄙《ひな》にしあれば　山高み　河とほしろし　野を広み　草こそ茂き　……（四〇一一　大伴家持）

「山高み　河とほしろし」は、万葉集のこの二例にしか残らない歌言葉だが、おそらくは、大王《おほきみ》の「国見」の褒め言葉から出た決まり文句ではないかと思われる。「とほしろし」は、一見「遠白し」と受け取りやすく、河が遠くへ輝いて流れている様を言うと解釈して、その場合、山の垂直的な高さと、河の水平的な遥かさで、クニの広大さを称えた表現かと思われる。事実この歌句を踏まえたと見られる「遠白体」という中世歌学用語もあって、平安期以後の宮廷歌人も「とほしろし」は「遠白し」として理解していたように思える。

ところが、いずれの歌でも「とほしろし」のもとの表記は、「山高三　河登保志呂之」「山高美　河登保之呂思」というように仮名書きされていて、しかもその仮名のうち両歌ともシロシのロが「呂」で書きとられているが、ロの音は、いわゆる上代特殊仮名遣いで甲類・乙類の書き分けのある音、つまり奈良時代の言葉では母音が二つあって書き分けられていると見られる音であり、「呂」は乙類仮名である。一方「白し」「しろ妙《たへ》」などのロは、甲類の「路」や「漏」で書きとられていて、そのことから「トホシロシ」の「シロシ」は「白し」ではないという説が出された。そして、日本書紀中の「大小之魚」の「大」、石山寺蔵大唐西域記の「人骸偉大」の「偉大」に「トホシロシ」の訓が付く場合があるため、そこから、「とほしろし」は、「大きい・偉大・雄大」あたりの意だと提唱されて、その説に従って解釈している古辞書類も多い。

しかし、大国「越《こし》」の大河ならともかく、清《さや》かで蛙《かわず》の騒くと歌われる狭い大和盆地の明日香の河が、国褒めの誇張にせよ「大きい・雄大だ」というのも如何だろうか。また、「山高み（高くて）」に対応しての「遠シロシ」の「遠」の意味は、そこで、どう生かされているのだろう。

私見では、この「シロシ」は、「この山の　いや高しらす」（万　三六）、「吾が日の御子の　万代に　国所知《しらさ》まし」（万　一七一）、「豊葦原瑞穂の国を安国《やすくに》と平らけく所知食古語云シロシメス」（祝詞　大殿祭）などとある「高しらす」「国しらす」や「しろしめす」（ロは乙類）と同類の語ではないか、つまり領有する意の「しろす」の連用形として「山は高くて　河は（野を）遠く領じている」といった言い方だと考えている。

いずれの解釈にしても、結果的にはおおよそ似通った「山高み　河遠しろし」の景観は、古京の明日香でも、遠い鄙の越《こし》においても、この列島には極めてよくある誰もに馴染みのある山と川との景であろう。そして、山と川との相依るそうした景観こそは、宮処《みやこ》に相応《ふさわ》しいとして、

あきつ神　吾が皇《すめろき》の　天の下　八嶋の内に　国はしも　多《さは》に有れども　里はしも　沢《さは》
に有れども　山並みの　よろしき国と　川並みの　立ち合ふ郷《さと》と　山代《やましろ》の　鹿背《かせ》山の

際《ま》に　宮柱　太敷き奉《まつ》り　高知らす　ふたきの宮は　河近み　瀬の音ぞ清き　山近み　鳥が音とよむ　……　（一〇五〇「久邇新京讃歌」）

などと、繰り返し称讃して歌われていた。

時代が下っても、中世文学の著名な連歌「水無瀬三吟」の冒頭、

雪ながら山もとかすむ夕べかな
ゆく水遠く梅にほふ里

と吟じられた景観の根には、山もとから野面を遠く流れゆく河があることが明白である。それは、二瘤《ふたこぶ》の山の間から蛇行して流れ出る河として、単純に二本の線で象徴化して描くことも可能な、日本列島内の代表的な原景である。

ところで、万葉集等初期文献には、さきに触れた「小（ヲ・コ）」で少し見たように、言葉が声ばかりだった長い時間において、多言語（部族語・地域語）の混成を窺わせる、実に多くの「同義（異音）語」の併用を遺していて、そのうちの大部分は今も併用され続

けてもいる。とりわけ山については次に見てゆくように、二語併用どころではない多くの同義語が初期文献中で展開していた。

み吉野の　耳我《みみが》の嶺に　時なくそ　雪は降りける　（万　二五）
み吉野の　耳我の山に　時じくそ　雪は降ると言ふ　（二六）
み吉野の　御金《みかね》の高《たけ》に　間なくそ　雨は降ると云ふ　（三二九三）

この、ほぼ同様な内容の歌の冒頭部分に出る「ミネ・ヤマ・タケ」からは、明らかに当時の人々もそれらの語が同義だとの認識があったことが知られる。タケ（嶽・岳）は、今の感覚では、里近くの普通の小山に対して、右に「高」で書きとられていたり、「み嶽・おん嶽」と呼んで早くから信仰の対象だったりするように、「高」に通う奥山の高い山を言うかとも思えるが、さきに例示した人麻呂歌の「弓月が高」（一〇八八）や、

やまとの　小武羅《をむら》のタケに　獣伏《しし》すと　誰かこのこと　大前《おほまへ》に申す　（雄略紀）

など、狩りをするような近場の山でもタケと言っているところからは、必ずしも奥山の高

い峯を言うと限られるわけでもないようだった。また、壮麗さや高さにおいて列島中で傑出している「フジ」は、万葉集の歌に出る限りでは、

天地の　分かれし時ゆ　神さびて　高く貴き　駿河なる　布士《ふじ》の高嶺を　（三一七）
不尽《ふじ》の嶺に降り置く雪は　六月《みなつき》の十五日《もち》に消《け》ぬればその夜降りけり　（三二〇）

というように、フジの「タカネ」（十例）またはフジの「ネ」（三例）というのみで、「タケ」とも、「ヤマ」とも言われていない。そのことは、平安期の歌でも、

時知らぬ山はふじのネいつとてか　鹿《か》の子まだらに雪の降るらん　（伊勢物語）
駿河の国なるふじのタカネにこそ　夜昼ともなく煙《けぶり》立て　（梁塵秘抄　四句神歌）

などと、同様だった。ネには「嶺」の字を宛てるのが普通だが、本来「根」の方が適切だったのかもしれない。そして、列島第二の高山のある「白根」や、東国の山ながら万葉集には十六例も出る「筑波《つくば》ネ」、また「甲斐《かひ》がネをさやにも見しか」（風俗歌）、あるいは陸奥の霊山「早池峰《はやちね》」等からは、東国の太平洋寄りの地域では、文献時代以前は、聳え立つ

山とは「ネ」だったのではないかとも思われる。ちなみに、その地域の大河「利根川」とは、たぶん「十根川《とね》」で、十（多く）の根から流れ出た意だったのだろう（とね川は早く神楽歌にも登場）。また、ミネとは、この根《ネ》に敬意の「ミ（御）」がついて早くに熟成した語だったかと見られる。

ただし「筑波」は、万葉集に「筑波（の）ヤマ」としても五例見えるから、ヤマとの混用は、大和地域におけると同様、早かったようでもある。なお、今いう北陸地域、その昔はコシ（高志・越）と呼ばれたあたりでは、高い神々の山でも、シラヤマ（白山）・タテヤマ（立山）・イヤヒコ（弥彦山）と、古来の呼称も「ヤマ」のようだった。いわゆる出羽三山「月山・羽黒山・湯殿山」も「サン」と言われる前は、「ヤマ」と言われていたのだろうから、「ヤマ」という語の広がりは、必ずしも大和が中心だったという結論にはならない。

山に関連する別語には、今一つ、

隠国《こもりく》の　泊瀬《はつせ》の山の　大《おほ》ヲには　幡《はた》張りたて　さ小《を》ヲには　幡張りたて（允恭記）
向峯《むかつヲ》に立てる桃の木ならめやと人そささやく　汝《な》が情《こころ》ゆめ（万　一三五六）
谷から行かば　ヲから行かむ　ヲから行かば　谷から行かむ（神楽歌）

といった「ヲ（峯をあてる）」もある。このヲは、「ヲカ（岳・岡）」のヲにも通うと思われ、ヤマよりは低い丘陵を言うかとも思われるが、ネ（根）と合体して「ヲネ」ともなった。ただし初期文献には「ヲネ」の用例は見当たらない。なお、あまりに同義語が多いからか、ヤマが、頂きから山すそまで山全体を捉えた感があるのに対して、ミネやヲネは、山の頂上や稜線あたりを言う言葉に次第に限定されていったようである。

ヤマト王権は、異部族を「言向《ことむ》け和《やは》す」（従える）に当たって、自らの言葉を押し付けることは少なく、相手のとくに霊的な言葉と見える場合ほど、そのまま（いわば霊力と共に）取り込むといった態度だったと見受けられる。「山」は、いずこにおいても神山である場合が多く、そのことが、多くの呼称の併用を残したというのだったのだろうか。

さて、固有名の下につく「山」は、現在「富士山《さん》・阿蘇山《ざん》」あるいは「大《だい》山《せん》・弥《み》山《せん》」などと、「サン・セン」という漢字音で呼ぶことが多いが、いつ、どのようにそうなったかが窺われる用例が、平安末期、後白河院の書きとった梁塵秘抄「四句神歌」に見られる。

すぐれてたかきさん、須弥《しゅみ》山《せん》　き尺せん　てちゐせん　五だいさん

須陀羅《すだら》太子の六年おこなふだんとくせん　どせんこくせん　鷲《じゆ》ぶせん
すぐれてたかきせん　大唐たうには五台さん　霊鷲山《りやうじゆせん》、日本国にはしらやま　天台山、
おとにのみきく蓬莱山《ほうらいさん》こそたかき山《さむ》

おそらく書写するいつかの段階で錯綜したのか、前後の歌で傍点を打った「さん」と「せん」を入れ替えるとややすっきり通るが、いずれにせよ現代語では、山名に付属せず単独で使うことはない「さん・せん（山）」が、「高きサン、高きセン」と言われていることがまず注目される。また、漢籍・仏典由来の「音にのみ聞く」それら「たかきサン・セン」に唯一日本国の白山が「しらやま」として混じっているのも妙ではある。しかし、そこから「しらやま」が次の段階では「はくさん」とよみかえられ今日の通称に至っただろうことも容易に見て取れるだろう。

四句神歌は、平安期「かう（かん）なぎ」（歩き巫女・市巫女）と言われた民間の神つき女たちの保持していた歌群だが、当然同様な民間の男巫（山岳修行者、山伏）との交わりもあって、さまざまな情報が共有もされていたことが歌言葉からも分かる（小著『書《ふみ》と声わざ』、清文堂、参照）。ともあれ、そうした列島の山々や辺地《へち》を「踏み」歩いていた古来の山岳修

行者が、山々や山間部のさまざまな地勢等の呼称に深い関わりを持ち、巷に広めてもいたことは、例えば、仏典由来の山名や山間地名に始まって、鳥の鳴き声を「ホーホケキョウ（法華経）」とか「ブッポウソウ（仏法僧）」などと聞きなすことなどにも及んでいた。現存の「セン」という山は、「大山・蒜山・氷ノ山（兵庫）・弥山《みせん》（宮島）」など中国地方に多いが、当然その地域の修行者たちのこだわりの呼称が遺ったのだろう。

なお、特にネとかヤマとか付けないで単にフジと言うことが常だった「富士」が、もっぱらフジサンと通称されるようになったのは、比較的最近のことである。昭和前期の童謡では、「頭を雲の上に出し……富士は日本一の山」「ここはお江戸の日本橋　京人形の見る夢は　汽車に揺られて東海道　眺めたあの日の富士の山」というように「富士のヤマ」と歌っている。いわゆる戦後、水泳競技で世界記録を出して、敗戦後の意気消沈していた日本人を元気づけた古橋・橋爪選手は、「フジヤマの飛魚」などと言われていた。各地の特に修験の山というのでもない山で、地域では単に「おやま」と言っていたのが、「富士さん」にならい、「○○さん」と言うようになったのは、「サン」の音が敬称の「さん（↑様）」に通う感じもあって、「お山」に代わる敬意や愛着が感じられるからではないだろうか。「富士さん」以前でも「木曽のおん嶽《たけ》さん」などのように、早々に愛着をこめて「さん」付けで歌われる場合も各地にあっただろう。そのような山は、その姿全体が、地域地域の中心的な景を成すものであることは言をまたない。

さて、一方の「カハ」については、山とは異なり、古来の文献上、特に目につく同義異音語も類語も、見当たらない。さきに挙げた、「谷川」（吉備語）をヤマトでは「山川」といったあたりが、ある種同義語と言えば言えるくらいであるが、それも「カハ」であることには変わりがない。なお、現代語では、西日本でいう山中の「谷川」は、東日本では「さわ（沢）」というようである。「サハ」は、文献上の古語では、「そのサハ（沢）にかきつばたいと面白く咲きたり」（伊勢物語）というように、川床の草など生えた湿地を言い、「沢田川　袖漬くばかりや浅ければ」（催馬楽）などとも歌われ、「沢田川」とは、湿地状の川床を田に利用した川のことである。

『日本方言大辞典』（小学館）を手がかりに探すと、かろうじて「ゴー」という川の同義語があったらしいことが知られ、新潟県南魚沼郡で「川」のことを指すとある。また、谷川健一『列島縦断地名逍遥』（冨山房）第二章には、奄美大島の言葉に関して「コまたはゴは南島では川や井戸を指す」とある。中央の文献に上る程の語ではなかったとしても、一定の広がりがあったことも窺われる。ただし、「江《ごう》の川」「江津《ごうつ》」（島根）という地名は、「江」の漢字音で当てられており、「江の川」とは「ゴーという川」、「江津」とは「ゴー

（川）の船着き場」として、漢語で川を指す「江」の字が当てられたというのではないだろうか。あるいは、神話時代から交流のあった出雲と高志《こし》（越）あたりには「ゴー（川）」という語も流通していたのだろう。ただし、その神話時代、出雲の八千矛《やちほこ》の神（大国主命）が高志のヌナカハ姫を妻問う著名な歌語りがあるから、「ヌ（玉石）のカハ」（今の姫川）として確かに「かは」という言葉もいわば標準語として流通していた。

「カハ」は、この列島で、相当な大昔から共通の呼称だったと思われる。そのことからすると、この列島では、縄文時代と言われる頃から、一定の共通性を持った言語が広がっていたことを窺わせるものかもしれない。

なお、先年、なぜか相次いで大洪水を起こした川に、熊本の球磨川、長野の千曲川、宮城の阿武隈川がある。漢字表記で見るととくに関係もなさそうな三本の川だが、クマ川・チクマ川・アブクマ川とカナ表記してみると、三本ともクマ（曲流）がその命名の根にあったことがわかる。川の曲流するところは、水が出やすい所である。大昔から、川沿いの人々は、出水で、苦労を重ねていたであろう。当て字は、球磨川は、仮名表記、千曲川は、曲《くま》が千（たくさん）ある川、阿武隈川は、危ない隈《くま》がある川といったところである。なお、ただの「阿武《あぶ》川」（山口）という川もある。チクマの「曲」の当て字が、本義にはよく適っているかと思われる。クマは、「道の隈《くま》（曲がり角）」（万一七）や、後には、歌舞伎役者の顔の「くまどり」などとも使われる、広い用法を持つ語である。ともかく、その「クマ」を同義として、列島上の広い地域の川の名で共有するところからは、「かは」ばかりでなく、他の言葉も一定の共通性のある状態だったということになるだろうか。

ところで、古語で「カハ」と表記されるハ行子音は、古くはパピプペポに近い両唇音だったと見られている。ところが平安貴族語で、語中尾のハ行音はワ行音で柔らかく発音するという、ハ行転呼と言われる変化が起こった。しかし、室町期のキリシタン文献のローマ字表記ではハ行子音は［f］で書きとられており、そのころまで両唇音だったとも見られている。具体的な例で見ると、本来感動詞だった「アハレ」は、初期の発音は「アパレ」だったと見られるが、平安宮廷語では「アワレなり」などと発音され盛んに用いられた。ところが戦国の武者社会では、武勲を褒めたりするとき「アッパレ、アッパレ」と言ったらしいから、むしろ京以外の地に、古来の発音が残り続けていたということだろう。

問題の「カハ」のハも、本来「カパ」だったようだが、平安貴族語で、「カワ」といわれて、それが標準となって今に至っている。ところで「アッパレ」同様の発音だとすると「カッパ」となるが、「かっぱ」というと「河童」のことであり、急流の多い日本の河は、太古から現代まで、うっかりすると引き込まれたり流されたりして命を失う人が絶えないが、そうした河（カッパ）の危険さが、音はそのままでいつしか水に棲む得体の知れぬ化物の仕業として、次第に「河童」として形象化もしたのではなかっただろうか。

「カワ」の音に関わって、今一つ気づかされることは、「明日香河・信濃川」というように固有名の下に付けて言う場合、実は大多数の河で、カワでなく「ガワ」と濁って発音されていることである。「大川・荒川・白川・紀の川・肱《ひじ》川」のように、カワと清音で言う場合はむしろ少なくて、ほとんどの場合、人はみな、実は半ば無意識にカワと言っているつもりでガワと濁って言っている。先述の「ゴー」も、もしかしたら「ガワ」からの転訛かと思えたりもする。また、「山河《さんが》」とか「河川《かせん》」とかの二字熟語は漢字音で言うが、固有名の下に付けるときには、「山」の場合のように「川《せん》」「河《が》」とは決して言わない。「かは（がは）」とは、どんな「大川」も「小川」も、太古からゆるぎないその呼称と共に今にあるものであった。

近代になって海外への視野が広がり、地球上の各地の大川の名も知るところとなったが、「ナイル川・アマゾン川・ガンジス川・ミシシッピー川」などと、実はどの川もみな、日本の川同様、カワと言っているつもりでガワと言っている。日本語の発音上の清濁相通の現象は、音韻上の理屈ばかりとは限らない、なかなか微妙な感覚でもある。ちなみに、外地の山の方は、もっぱら「山《さん》」をつけるか、単に「エベレスト・キリマンジャロ」等々と言って、「山」を付けないことも多い。

海外の「山」も「川」も、言葉の半ば無意識に口にする世界では、おのずから日本語での習慣のままに呼称しているということである。

3　ウミ・ヤマ（海・山）

日本経済のいわゆる高度成長期が終わるころ、あまりにも日本人は働きすぎた、もう少し休もうというわけで、国定の休日を増やそうという話になった。ついては、祝日のない月にも休みになる祝日を作ろうということで、決まったのが、七月の「海の日」である。「海の恩恵に感謝すると共に、海洋国日本の繁栄を願う」などという理由付けがあったり、「海」に関して祝日があるのは日本だけだなどと胸を張る向きもあるが、休日以上に祝日だと思っている国民は少ないと思われる。

ところが、「海の日」があるのなら「山の日」もあってよいのではないかということで、二十年を経て、今度は八月に「山の日」が祝日と定められた。こちらは「山に親しむ機会を得て、山の恩恵に感謝する」日だと、理由付けがやや慎ましい。いずれにしても、「海」に対するのは「山」である。1・2で見てきた「野・山」や「山・川」が一体的だったことに比べて言うなら、「海・山」は少し距離を持つ「一対」である。

「海のさち・山のさち」という言葉は、今も折に使われていて、「さち」とは、それぞれから採れるさまざまな産物を言う。先の「海・山の恩恵」とは、あるいはそのあたりを意識したのかもしれない。しかし、休日となった「海の日・山の日」からすると、遊びやスポーツの場だったり、都会を離れてよい空気を吸いのんびりする癒しの場だったりというのも、「恩恵」とも言えるだろう。「海洋国日本の繁栄」をどれほどの人が意識しているかは不明である。実際に海・山に住む人のことを思えば、現実には、祝うことより過疎化の問題の深刻さを思わねばならない日かもしれない。

「海のさち・山のさち」とは、いわば、神話時代からの由緒ある語句である。天孫ニニギの命《みこと》と、大山ツミの神の子である木の花の咲くや姫との間に生まれた兄弟である、火照《ほてり》の命と火ヲリの命の、いわゆる「海幸・山幸」の神話は、古事記に拠ってみると、冒頭おおよそ次のように展開している。

火照《ほてり》の命《みこと》は海サチ彦《ビコ》として、さまざまな魚を取り、火ヲリの命は山サチ彦として多くの毛物《けもの》を取っていた。ここに、火ヲリの命は、「各々のサチを易《かえ》て用いてみようよ」と、渋る兄火照の命に何度も言い続けて、ようやくサチを取り替えた。かくして、火ヲリの命は、海サチで魚を釣ろうとしたが、一つも釣れないばかりか、その釣針を海中に失くしてしまった。（書紀によれば、兄も同様に不猟で）そこで、兄は、「山サチも己《おの》がサチサチ、海サチも己がサチサチ。今は各々サチ返さむ」と言った。しかし、釣針を失くしてしまった弟は、そのことを兄に告げると、兄は、許そうとはせず、償いの物も受け容れなかった。

「サチ」とは、これによれば、まずは、得物《えもの》を得るための道具を指している。古語でサとは矢のこと、チとは釣針のことで、併せてサチというわけである。そして、それを用いて得られる得物のことも一体化して、意味が移ったようである。なお、「山さちもおのがさちさち、海さちもおのがさちさち。今はおのもおのもさち返さむ」という部分は、おそらく口承上の固定部分として古来守られていた、いわば神語だったと思われる。

この神話を踏まえていたのかどうか、常陸国風土記（多珂郡）には、倭武《やまとたける》と橘《たちばな》の后とが、山（野）と海の物をそれぞれに得ることを競う「遊び」をしたところ、結果は、猟では一つの宍《しし》も得られず、后の受け持った漁では、百の味が得られた。そのことについて、二人で遊びとして「同《とも》に祥福を争へり」と言い、「祥福」に「俗語《くにのことば》、佐知《さち》と曰《いふ》」と注がある。得物（道具）が、それによって得られた得物（獲物）に、さらにそれによって得られた幸《さち》（祥福）の気分へと、一つの音をもとに、すべて一体的なこととして意味が展開したのである。

さて、先の神話のその後は、兄の厳しい対応に窮し、海辺で泣いていた火ヲリの命が、塩椎神《しおつちのかみ》に導かれて、わたつみの神の宮を訪ね、海神のむすめ豊玉毘売命《とよたまびめのみこと》と結ばれて子が生まれ、とかくの経緯があって後、孫にあたる神武天皇の誕生に至るという、神代から人代に展開するキーポイントとなっている、重要な神語りである。

ところで、口承の神話などは、荒唐無稽なおとぎ話で、歴史的には取るに足らない代物だと、史学者などからは見られている。しかし、神話（神語り）とは、事柄を比喩を用い象徴的に語るものであって、象徴的な語りの裏には、何ほどかの事実や実態が踏まえられ、暗示されているという、そのあたりのことを、古代の人などはよく分かっていたのである。

火ヲリの命（山さち彦）と火照の命（海さち彦）とは、それぞれ山を生業の場とする部族と海を生業の場とする部族の象徴である。サチを交換するとは、道具は道具として、海人と山人とで、それぞれの獲物《サチ》の「交易」がなされていたことも暗示しているだろう。縄文人が山野の猟と海の漁とのどちらもしていたというようなことが言われていることがあるが、各「さち（道具）」を有効に使うには、それなりの技能の伝承・習熟や活動する場の見極めが必要であり、場当たりに得物（道具）だけ交換してみても、すぐに得物（食料）が得られるわけではなかったのである。

右の神話における火照の命の立場は、海神の火ヲリの命への肩入れにより、後にはかなり惨めなことになり、最終的には、火ヲリの命の仕打ちに負けて、「僕は今より以後《のち》、汝《なむち》命《みこと》の昼夜の守護人《まもりびと》と為《な》りて仕へ奉《まつ》らむ」ということになった。後々の山人と海人との力関係を暗示しているのだろう。

記紀万葉と一括される初期文献の中では、海人は「アマ」と呼ばれ、ヤマト政権の人々にとって、敵対勢力ではなく、海で生活している異部族扱いのように見える。万葉集では、次のように、半ば海の景物のような興味で、物珍しく眺められている感じである。

飼飯《けひ》の海の庭好くあらし　刈薦《かりごも》の乱れ出づ見ゆ海人《あま》の釣り船　（二五六　柿本人麻呂）
有り通ふ難波《なには》の宮は海近み　漁童女《あまをとめ》等《ら》が乗れる船見ゆ　（一〇六三　田辺福麻呂）
志賀《しか》の海人《あま》は軍布《め》刈り塩焼き暇《いとま》無み　髪梳《くしげ》の小櫛《をぐし》取りも見なくに　（二七八　石川少郎）
玉藻刈る海未通女等《あまをとめども》見にゆかむ　船梶《ふなかぢ》もがも浪高くとも　（九三六　笠金村）
海神《わたつみ》の持てる白玉見まくほり　千遍《ちたび》そ告《の》りし潜《かづ》きする海子《あま》　（一三〇二「玉に寄す」）
ささ浪の平山風《ひらやまかぜ》の海吹けば　釣りする海人《あま》の袖返る見ゆ　（一七一五）

海人のなりわいは、船を操り魚を釣るのはもちろん、メ（海藻）を刈り塩を焼き、髪をとかす暇もなさそうで、また盛んに海中に潜って（鮑や）白玉を取っている、などと歌っている。最後の「海」は、近江の海（琵琶湖）のことである。このような、いわば海の景物として宮廷人がアマを歌う歌は、万葉集中に七十余首に及ぶ一方、山人については、

むささびは木末《こぬれ》もとむと　あしひきの山の猟男《さつを》に遭ひにけるかも　（二六七）

あしひきの山行きしかば　山人《やまびと》の我に得しめし山づとそ　これ　（四二九三）
あしひきの山に行きけむ山人の情《こころ》もしらず　山人やたれ　（四二九四）

という三首程しかない。これらの歌は、宮廷人の比喩歌や戯れの問答歌で、背後の状況が今一つ不明で、比喩の本意がよく分からないが、山人を身近の誰かに重ねているところが、アマへの対し方とは全く異なっている。「山人」については、アマに対するような、その生活ぶりを興味を持って歌うといったものではなく、

板葺きの黒木の屋根は山近し　明日《あす》の日取りて持ちて参来《まゐこ》む　（七七九　大伴家持）
斧取りて　丹生《にふ》の檜山《ひやま》の　木こり来て　筏《いかだ》に作り　……　（三二三二）

などという歌も、山の木を利用して生活が成り立っていることを、当然のこととして歌っているに過ぎない。

ところで、平安宮廷で大切に伝えられていた、神ながらの古謡「神楽歌」次第は、冒頭「庭火《にはび》」として、

深山《みやま》には　あられ降るらし　外山《とやま》なる　まさきのかづら　色づきにけり

という、山々の気配が冬の訪れを告げているよ、さあ、庭火を焚いて「神遊び」を始めようといった趣の歌から始まるが、次々に連綿と続く「採物《とりもの》」（巫者が手に採る神の依代《よりしろ》）という一連の歌は、まさしく山の木から採れるさまざまな神具の讃歌でもあり、総じて「山人《やまびと》」の歌である。

榊葉《さかきは》の　香をかぐはしみ　求《と》め来れば　八十氏人《やそうぢびと》ぞ　円居《まとゐ》せりける　（榊）
霜八《や》たび　置けど枯れせぬ　榊葉の　たち栄ゆべき　神の巫女《きね》かも　（榊）

すめ神の　深山《みやま》の杖と　山人の　千歳《ちとせ》を祈り　切れる御杖《みつゑ》ぞ　（杖）
瑞垣《みずがき》の　神の御代より　篠《ささ》の葉を　手ぶさに採りて　遊びけらしも　（篠）
猟夫《さつを》らが　持たせの真弓　奥山に　御狩《みかり》すらしも　弓のはず見ゆ　（弓）
我妹子《わぎもこ》が　穴師《あなし》の山の　山人と　人も知るべく　山葛《やまかづら》せよ　（葛）

「山人」とは、円居して神とともに神遊びをする「八十氏人」であり、神を祭る人々である。かつて、海さち彦・山さち彦という兄弟だった遥か大昔から、幾百年、あるいは千年も経ての、初期文献時代の両者の立場の隔たりが、これら、万葉集と神楽歌との歌群での相違から、彷彿されるだろうか。しかしながら、

高山と　海こそば　山ながら　かくも現《うつ》しく　海ながら　しか真《まさ》ならめ　人は　花物《はなもの》そ　空蟬《うつせみ》よ人　（万　三三三二　挽歌）

鯨魚《いさな》取り　海や死にする　山や死にする　死ぬれこそ　海は潮干《しほひ》て　山は枯れすれ
（三八五二）

といった歌を見ると、海人・山人といった、海・山と一体的な人というのは昔のことで、海と山とは確かな常在感のあるいわば「自然」、それに対して「人」は花のように何とむなしいものかと嘆いたり、いやいや海山にだってそれなりの「死」があるのだと言ってみたりといった、京の知識層の観念的な思考もすでにあったのが、万葉集の時代だった。

ところで、海については、初期文献に、ウミと共に同義語として「ワタ」があることは、一定知られたことである。「海さち山さち」神話において　山さち彦が訪問した「ワタツミの神の宮」のワタでもある。

万葉集でのワタツミは、

海神《わたつみ》の手に巻き持てる玉ゆゑに　磯の浦廻《うらみ》に潜《かづ》きするかも　（一三〇一）

……　綿津海《わたつみ》の　手に巻かしたる　珠手次《たまだすき》　懸《かけ》て偲ひつ　日本嶋根《やまとしまね》を　（三六六）

というように、海の神を指す場合、これは、「山ツミ」と対応もして「ミ」が神霊の意を持つ本来の用い方とみられるが、また、

渡津海《わたつみ》の豊旗雲に入日指し　今夜《こよひ》の月夜清明こそ　（一五）
海若《わたつみ》の奥《おき》に生ひたる縄《なは》のりの　名はさね告《の》らじ恋ひは死ぬとも　（三〇八〇）

等と、明らかに海自体を指している場合も多く、「綿津海・渡津海」などの用字からも、万葉歌人は、語尾のミは海だと取っていたようでもある。「ワタツミの神」という場合のワタツミも、海と取ることもできるだろう。

しかし、これらの用例よりも万葉集で注目される「ワタ」は、

在り根よし対馬の渡り　渡《わた》なかに幣《ぬさ》取り向けて早還《はやかへ》り来ね　（六二）
……　海《わた》の底　奥《おき》ついくりに　鰒珠《あはびたま》　さはに潜《かづ》き出　（九三三）
海《わた》の底沈《しづ》く白玉　風吹きて海は荒るとも取らずは止まじ　（一三一七）

といった「ワタ中・ワタの底」という例である。なお、「海の底」を「ワタの底」と訓むのは、「和多能曽許《わたのそこ》・綿之底《わたのそこ》」とする表記があることによる。ちなみに「うみなか・うみのそこ」という表現は万葉集には見えない。とりわけ「そこ」という語は、単に鍋の底とか壺の底というよりも、深い「海のそこ」のことで、「ソコ」とは、

海《わた》の底奥は恐《かしこ》し　磯廻《いそみ》より漕ぎたみ往《ゆ》かせ月は経ぬとも　（三一九九）

根の国・底の国より、麁《あら》び疎《うと》び来む物に、相率《まじこ》り相口会《くちあ》ふ事なくして、下より行かば下を守り、上より往かば上を守り、夜《よ》の守り日の守りに守りまつり、斎《いは》ひまつれ、
（祝詞　道の饗《あへ》の祭）

などと、いわば「荒々しく疎ましく」得体が知れず付き合い難い物のいる、恐ろしい国であるとのとらえ方もあった。ところで、魏志倭人伝には、倭人とは、

好んで魚鰒を捕へ、水深浅と無く、皆沈没して之を取る。
好んで沈没して魚蛤を捕へ、文身し、……大魚・水禽を厭《はら》ふ。

というように、いわば素潜り漁が得意と見られていた。当然、海については、その表面（海原）だけでなく「ワタの底」にも広く深く精通していた人々がいたのである。

先の「海さち・山さち」神話で、山さち彦の火ヲリの命が、「無間勝間《まなしかたま》」（無目籠〔書紀一書〕）というカプセルに乗って海神の宮を訪ねる際、海神の宮は、「ワタの底」にあるの

かと思えるが、古事記も書紀の各書も、「味《うま》し御路《みち》」に従い往けば、井戸の上に香木《かつら》の木の立つ海神の宮の門口に到ったという風に語られる。「ワタツミの神の宮」は、確かに異国ではあるが、海中・海底というよりも、海の彼方にある風である。

　このことは、万葉集に歌われている「水の江の浦嶋子」（後々知られる「浦島太郎」の昔話の源流）においても同様である。

……水《みず》の江《え》の　浦嶋《うらしま》の児《こ》が　堅魚《かつを》釣り　鯛釣りほこり　七日まで　家にも来ずて
海界《うなさか》を　過ぎて漕ぎ行くに　海若《わたつみ》の　神の女《むすめ》に　たまさかに　行《い》漕《こ》ぎ向かひ　相とぶ
らひ　言《こと》成りしかば　かき結び　常世《とこよ》に至り　……　（一七四〇）

　浦嶋子が「海界を過ぎて漕ぎ行く」と、そこで、ワタツミの神の女に出遭ったというのである。「ウナサカ」とは、要するに海の坂で、沖へと漕ぎ往く船が見えなくなる遥か水平線の向こう側は坂となっていて、そこを越えると異界の「常世《とこよ》」だというとらえ方のように思われる。遠来の神仙思想の影響もあったのだろうが、ともかく海神の宮は、ワタの底にあるとはされず、ヤマト人にとってのワタの底とは、アマ人のもたらす珠《たま》や貝もある所らしいが、得体の知れぬ「恐《かしこ》き」所という認識しか持てなかった。「鯛や平目の舞い踊り」とか「桃色サンゴが手を振って」とかと後世に歌うほどの、幼いイメージすら持ちようがなかったのである。

なお、水之江の浦嶋子についての噂話は、早く雄略紀二十二年秋八月に記載され、そこでは、舟で釣りをしていた浦嶋子が大亀を得、その亀が女の姿に化《な》り、相ともに夫婦となって海に入り、蓬萊山に到った、などとしている。神仙譚との習合は、相当早かったようである。

しかしながら、文字とは縁のなかったアマ人たちが、往古、海の中や底に「沈没」して活動し、そこでどんな景色を見ていたかは、結局のところ伝わりようもなかった。ただ、ワタツミのイロコの宮や、浦嶋子の語り伝えの根っこには、確かに彼らの語りがあって、ヤマト政権は、それを踏まえそれに被せて、巧みに外来の伝承も加味しながら、自らの神話を構想したらしいことが、おぼろげながら窺われる。

4　ハラ（原）

天の原ふりさけ見れば春日《かすが》なる三笠《みかさ》の山に出でし月かも　（阿倍仲麿）

わたの原八十島《やそしま》かけて漕《こ》ぎ出でぬとひとには告げよあまの釣り船　（小野篁）

これは、古今和歌集［羇旅歌］冒頭の二首だが、ともに『百人一首』にも採られて、よく知られた歌である。

「天の原ふりさけみれば」という歌句は、万葉集にも十首で見られる。一方、「わたの原」という語は、なぜか万葉集には見られない。ほぼ同義の「海原《うなばら》」が十九首、「うの原」が一首出るので、それらに対して劣勢の表現だったのだろうか。しかし、右の歌や、百人一首にはさらに、

わたの原漕ぎ出でて見れば久方の雲居にまがふ沖つ白波　（藤原忠通）

という平安後期の歌もあるから、「わたの原」は、平安期、「海原《うなばら》」よりも歌語としての地位が確立していたように見える。万葉集時代にもおそらく歌われてはいたが、わけあって万葉集には収録されなかったのだろう。

「はら（原）」とは、つまりは「パラッ」と広がったところである。「天のはら」は「振り放《さ》け（振り仰ぎ）見れば」見渡す限り果てもなく広がり、また「海《わた》のはら」も、船を漕ぎ出して行くと、周りは果て知らず広がる潮《うしお》である。そして、右の藤原忠通の歌が、いみじくも「雲居と白波が紛《まが》う」と歌うように、天候次第では、「天のはら」と「海《わた》のはら」の境は見極めがつかず、一体的な広がりだったりもする。おそらく、「ハラ（パラ）」の原点は、そのような広大無辺な天と海とではなかっただろうか。

しかしながら、人が見上げる天《あま》よりもさらに高いらしい「高天《たかま》が原」の神々が、見下ろした下界も、また「豊葦原《とよあしはら》」であった。倭《わ》（魏志倭人伝）とかヤマトとかと言われる以前のこの国の名とは、「葦原の中つ国」である。実際、列島の沿岸部一帯はどこもかしこも湿地が広がり、湿地には葦や茅や菅などが茂っていて、陸地《くが》と海や湖沼との境もまた曖昧だった。この列島の人々は、古代から近年まで、そうした湿地を埋め立てたり干し上げたりしては、住める所や田畑を広げても来たのである。

浅篠《しの》原　腰なづむ　空はゆかず　足よゆくな　（景行記）
海処《うみが》ゆけば　腰なづむ　大河原の　植え草　海処は　いさよふ　（同）
をち方の　あらら松原　松原に　渡り行きて　……　（神功摂政紀）
はろばろの　言《こと》そ聞こゆる　島の藪《やぶ》原　（皇極紀）

思ふ子が衣摺《ころもす》らむに匂ひこそ　嶋の榛《はり》原秋立たずとも　（万　一九六五）
姫押《をみなへし》さき沢の辺のま葛《くづ》原　いつかも繰りて我が衣《きぬ》に着む　（同　一三四六）

これらの歌からは、「はら」が、多くの場合、海辺や川辺や嶋や沢といった水辺一帯に、おおよそ一種類の草木が生え広がる所を言ったように見える。むろん何が生えているか不明の「藪原《やぶはら》」のようなハラもあるが、「野」の場合とは違い、単純に「はら」とだけ言われることはほとんどなく、地表を覆う草木等と一体で「〇〇はら」と言われ、場合によっては、それがそのまま地名にもなった。ただし、件の大・小を冠した、特に「大原」は、後に述べるように独特の意味合いを込めて使われた地名だと見られる。

ちなみに、例外的に、「原《はら》っぱ」という近代語と思われる単独用法があり、これは、上に何も冠することのない普通名詞である。主に昭和期あたりに、子どもたちが三々五々集まって遊ぶ、町はずれの空地を「原っぱ」と言っていた。なぜか片隅に大きな土管が積まれてある風景が定番で、子ども用の漫画などに描かれていた。現代は、子どもたちの外遊びは、公園とかグランドとかの管理された場所となり、「原っぱ」はほとんど死語に近い。ところで語尾のパとは何なのか、「端」か「場」か、あるいは「葉っぱ」のパと同じで、もともとのパッと広がる感覚の再認なのかなどと考えてみるが、よく分からない。ただ、草が生えていても、そこが「野」ではなかったことは確かである。

さて、「山」と一体的だった「野」に対して、「原」は、「山」との関わりは少なく、むしろ「松原」のような海辺や、「天の安《やす》の河原」という神語以来、川縁《かわべり》に広がる「河原」、水に囲まれた「嶋」にある「榛原・藪原」など、地勢的にも、水辺に広がる平地のことで、当然ながら、そうした地域に居住していた部族（アマ人か、葦原の中つ国人か）の言葉から生まれたものだと思われる。

ところで、ヤマト王権の祖とされるイハレビコの命（神武）は、数々の困難を経てようやくヤマトに入り、在地の神の御子《みこ》イスケヨリヒメと出会い、狭井河《さゐ》の上《うえ》（浮島か高床か）にあったイスケヨリヒメの家で一夜を共にしたと古事記にはある。その際の歌とは、

　　葦原の　湿《し》けしき　小屋《をや》に　菅畳《すがたたみ》　いや清《さや》敷きて　吾が二人寝し

というのだった。ヤマト盆地中心部は、その昔、三輪山から流れ出る狭井河沿いに広がる葦原（湿地帯）だったと見られる。「湿《し》気《け》た葦原に清《さや》かな菅畳を敷いた」（菅は「天つ菅《すが》ソ」と言われる天孫族の象徴）とは、その地の葦原の神女を物にしたことをいう、象徴的な歓《よろこ》びの歌であろう。かくして神武は、湿原に「堅め立てたカシ」（出雲国風土記より）を構え、後世「橿原《かしはら》の日《ひ》知《じり》」（万 二九）と称えられるに、至ったのである。

　下って、万葉集の時代、天武天皇は、「飛鳥浄御原」に宮を構えたが、天武の尊号は「天渟中《あまのぬな》原瀛真人《はらおきのまひと》」とされた。天智天皇の「天命《あめのみこと》開別《ひらかすわけ》」、持統天皇の「高天原広野姫」などに比べ、かなり特殊な感じもする。「渟中」は、敏達天皇の尊号にも含まれるが、「渟」も「瀛」も水を湛える湖沼といった意で、重ねて使うのはよほどのこだわりである。天武の遺志を継ぐ持統天皇は、

　　八《や》隅知《すみし》し　吾が大王《おほきみ》　高照らす　日の皇子　荒妙《あらたへ》の　藤原が上に　食《を》す国を　召し給
　　はむと　都宮《みあらか》は　高知らさむと　……　（万　五〇「藤原宮之役民作歌」）

と、宮を「藤原」としたのだった。すでに、舒明天皇作とされる国褒め歌でも、

山常《やまと》には　村山あれど　とりよろふ　天の香久山　登り立ち　国見をすれば　国原は　煙《けぶり》立ちたつ　海原は　鷗《かまめ》立ちたつ　うまし国そ　蜻嶋《あきづしま》　やまとの国は　（二）

と、「国原」と「海原」との豊饒こそが、うまし国ヤマトなのだと歌っており、「はら」の持つ豊かな生産性を早々にヤマトに取り込んだかとも推察される。ハラとは、「孕《はら》む」「腹《はら》違《ちが》い」などのハラでもあり、人体に擬《なぞら》えれば、当然パラと広がるところは「腹《はら》」であった。

ところで、立后前のカシギヤ姫（推古）は、「向原《むくはら》」と呼ばれた宮に住んでいた。

汝《いまし》が牟久原《むくはら》の後宮は、我れ、他国《あだしくに》の神の宮とせむと欲《す》るなり。（元興寺伽藍縁起）

との、欽明天皇と蘇我稲目との意向で、はじめて渡来した仏像等をそこでまつり、我が国への仏法伝来の始まりとなった宮である。「ムク原の後宮」は、後に、「大大王《おほきおほきみ》」となった推古天皇の豊浦宮《とよらのみや》となり、さらに最初の尼寺でもある「豊浦寺」となって、今に礎石が残

っている。なお、ちなみに、沖縄の首里城の後宮は「御内原《おうちばら》」というそうだが、詳しい実態は伝わっていない。女のとり仕切る「ハラ（後宮）」は、いずこも秘められた領域であって、詳しい記録や伝承が残ることは稀だった。

わが里に大雪降れり　大原の古りにし郷《さと》に降らまくは後《のち》　（万　一〇三　天武天皇）
わが岡の水神《おかみ》に言ひて降らしめし　雪の摧《くだけ》しそこに散りけむ　（一〇四　藤原夫人）

「大原」は、藤原鎌足生誕地との説もある所だが、藤原夫人は、鎌足の娘で、この贈答歌からは、天武とは、とくに気心の通じた間柄だったことが窺える。「大原」は「古《ふる》（ふりにし）郷《さと》」で、夫人が「わが岡」と言っているところからも、その「大」は広く大きい意というよりも、大王《おほきみ》や大爺《おほぢ》・大婆《おほば》の「おほ」に通じ、「大原」とは、どこか懐かしく慕わしい「古里」とか「親の里」とかの響きを持っていたのではないかと思われる。

「大原」は、平安京の北奥にある「大原」の方が、一般にはよく知られている。「木や召す、炭や召す」（梁塵秘抄）と、京に出て薪《たきぎ》や炭等をひさぐ大原女《おはらめ》のことがよく知られている。平安中期には「大原の三寂《さんじやく》」と言われた寂念・寂然・寂超など、憂き世を離れて隠棲する人々の隠れ里でもあった。ところで、大原の風物として、「小野霞《かすみ》」と言われる山間の盆地特有の冬場に漂う霞（靄）があるそうである。なぜ「大原霞」でなく「小野霞」なのだろうか。山間の小盆地としては、ハラでなく「小野」の方が適切な名だったように思える。実際、和名抄に見える郡郷名では、愛宕郡小野郷に属する地域だった。周辺には、「嵯峨野」と呼ばれる「野」もある。勝手な想像にすぎないが、もしかしたら飛鳥の古りにし里「大原」の、いわば名跡を継ぐ地として、平安遷都後に小野が大原に呼び替えられたのではないかと思ったりする。近くの「静原《しづはら》」は、天武天皇の命名などという謂れもあるとされている。

とまれ、もとに戻って、京《みやこ》が平城京となった頃には、かつての「はら」への思い入れもしだいに薄れ、長皇子と志貴皇子（共に天武の皇子）との佐紀宮での宴歌だという、

秋さらば今も見るごと妻恋ひに鹿《か》鳴かむ山そ　高野原の上　（八四　長皇子）

という歌では、高野も原も、そして山さえも、それらの区別に何のこだわりもない風に歌われている。相似た地勢ゆえに、いつしか一体化して言うようになる「野原」の例は、万葉集にはこれ以外見られない。神楽歌には同様な語感もある、

木綿《ゆふ》作る　しなの原に　や　朝訪ね　汝《まし》も神ぞ　や　遊べ　遊べ　遊べ

という一例がある。「シナノ原」は「信濃原」と当て字されることが多いが、「科の原」なのかもしれない（Ⅱの4で、後述）。

衣《ころも》替えせむや　さきむだちや　わが衣《きぬ》は　のはら篠原《しのはら》　萩の花摺《はなず》りや　さきむだちや（催馬楽　更衣）

という例が、文字で残された確実なものでは、もっとも早い「野原」の単独例である。催馬楽は、朱雀門の歌垣などで歌われた、奈良時代の流行歌謡だが、これは京に伝わった地方（近江あたり）の歌垣の歌から出たもののようである。あるいは「野」と「原」が「野原」と一体化したのは、地方の方が早かったのかもしれない。

5　エ（江）とウラ（浦）

「え（江）」も「うら（浦）」も、現代語ではない。つまり、単独語として生きて使われることはなく、したがって、実感にもとづく正確な意味も把握しがたいところがある。先に見てきた「野・山・川・海・原」と比べてみれば、その感触の違いは明らかだろう。しかし、熟語となった地名としては、エは、大君《たいくん》の都「江戸」を筆頭に、普通名詞に近い「堀江」の他「大江（山）・江の島・住之江・福江・鯖江」等々、ウラは、「霞ヶ浦・三浦半島・二見ノ浦・浦安・勝浦・鞆の浦・浦添」等々と、馴染みの地名も多いので、一概に古語という感じでもないだろう。

先に引いた「水の江の浦嶋子」という遠い昔の海の男を代表する名には、エもウラも含まれている。とすると、「江」も「浦」もともかくは海人《あま》の言葉と見てよいのだろうか。

まずは、「え（江）」から検討しよう。

辞書類が、「江」をどう説明しているかを、すこし見ることにしたい。

イ　海・湖の一部分が陸地に入り込んだところ。入り江。湾。（岩波『広辞苑』）

ロ　海・湖・沼などが陸地に入り込んだ部分。入り江。（『新潮国語辞典　現代語・古語』）

ハ　海・湖などの一部分が陸地に入りこんで水をたたえたところ。人工的なものを、堀江という。（岩波『古語辞典』）

ニ　湾。入り江。海や湖などの陸に入りこんでいるところ。（以下、用例略）（三省堂『時代別国語大辞典　上代編』）

ホ　元来、川、海、湖、堀などの一般的な呼び名であるが、とくに陸に入り込んだ部分をさすことが多い。（以下、用例略）（小学館『日本国語大辞典』）

イ・ロ・ハ・ニはほとんど同じで、「江」とは、つまりは「入り江」とか「湾」とかと言っているのと同じだとしている。ホの後半部は、ほぼそれらと同じとみられるが、前半部の「元来」以下には、すこし問題がある。ホは大辞典なりに、多くの用例が挙げられているので、それらを若干整理して、検討してみよう。

水たまる　依網《よさみ》の池に　ぬなは繰り　延《は》へけく知らに　堰《ゐ》杭《ぐひ》築《つ》く　川俣《かはまた》江の　菱茎《ひしがら》
の　刺しけく知らに　吾が心し　いや愚《うこ》にして　（応神紀）

日下《くさか》江の　入り江の蓮《はちす》　花蓮　身の盛り人　ともしきろかも　（雄略記）

行基菩薩の難波におはしまして、橋をつくり、江をほり、船をわたし、　（三宝絵　中）

江。唐韻云、江、海也。……和名、衣《え》。　（二十巻本和名抄「海河類」）

海河の辺ニサシイリテ、水タマレル所ヲエトナツク、如何。答。エは江也。　（名語記）

「和名抄」の説明は、まずは漢語の「江」の解として「海」のことだと言っている。そしてその「江」は、和語では「エ」に当たる、というのである。ただし、彼の地の「長江・黒竜江」などの呼び名からすると、「江」は彼地では「大河」のことも言うようである。いずれにせよ、この地のエに「江」を当てたのは、意味的にかなりずれていたように思われる。国名で「チカツアフミ」を「近江」と表記し、「淡海《あふみ》」を「江」としたが（詳しい検討はⅡの5）、むしろそちらの方が漢字の字義には適っている。

最後の『名語記』は、鎌倉時代の語源書であるが、若干補って言うと、「海辺・川辺が（陸側に）さし入って、（何らかの条件で）水が溜まった所をエ（江）と言う」ということである。この解釈は、現代の辞書類よりも的確だと、私には思われる。応神紀の「川俣エ」とは、川が分岐した間に出来る、流れが滞った所、雄略記の「入りエ」とは、海が湾入して浪が立たない水域、「堀エ」とは、人手で水路を掘って、水が溜まるようにした所である。つまり、エとは、海辺や川辺で、何らかの地勢的条件で波や流れが滞り、水が溜まった浅い水域のことで、蓮や菱等の水生植物なども茂った所のことだと見られる。「江」が、「元来、川、海、湖、堀などの一般的な呼び名」というのは、漢語の用法に引きずられたのか、和語としては、かなり乱暴な解釈である。「江」とは、

おし照るや　難波の小江《をえ》に　庵《いほ》作り　なまりて居《を》る　葦がにを　王《おほきみ》召すと　何せむに　吾を召すらめや　……（万　三八八六「蟹に為《な》りて痛みを述ぶる歌」）

と、葦蟹などが、住みついている所でもある。そうした浅瀬の湿地でもあったから、

丹波道の大江の山の真玉葛《さなかづら》　絶えむの心我《われ》思はなくに（万　三〇七一）

と、山中に大きく広がり、葛などの生え茂る湿地帯のことでもあったのだろう。現代に伝わる別の「大江町」とは、山形の最上川中流域の地名である。「川之江」（愛媛）、「江川崎」（高知）という地名もあり、エは、海よりもむしろ川と結びつきが濃いかとも思える。

古代における「え（江）」の実相を、万葉集に多く歌われ、大江でもあった「住之江」で、さらに見てみよう。

悔しくも満ちぬる潮か　墨《すみ》の江の岸の浦廻《うらみ》ゆ行かましものを　（一一四四）
駒並《な》めて今日吾が見つる　住吉《すみのえ》の岸の黄土《はにふ》を万世《よろづよ》までに　（一一四八）
墨吉《すみのえ》の岸に家もが　沖に辺によする白波見つつ偲はむ　（一一五〇）
住吉の名児《なご》の浜辺に馬立てて　玉拾ひしく常忘らえず　（一一五三）
住吉の遠里小野の真榛《まはり》もち　摺《す》れる衣の盛り過ぎゆく　（一一五六）

春の日の　霞める時に　墨吉《すみのえ》の　岸に出で居て　釣り船の　とをらふ見れば　古へ
の　ことそ思ほゆる　水の江の　浦嶋の児《こ》が　鰹釣り　鯛釣りほこり　……
……墨吉《すのえ》に　還《かへ》り来たりて　家見れど　家も見かねて　里見れど　里も見かねて
あやしみと　そこに思はく　家ゆ出でて　三歳《みとせ》の間に　垣もなく　家失せめやと
……　（一七四〇「水江浦嶋子を詠む」）

「岸《きし》」というのは水際だが、右の初めの三首に見られるように、「住之江の岸」と言われる限り、住之江自体は水に浸っていないというのだろうか。「浦嶋子」の歌では、その岸辺に「居て（腰をおろして）」古へに思いをはせるとも歌っている。さらにそこは、「遠里小野」と言われる「榛の生えた小野」も広がり、「浦嶋子」の歌に詠まれるところでは、垣のある家もあった人里だという。これらの歌の通りだとすれば、住之江は、奈良時代ごろにはすでに「エ」は干上がって、家もたつ岸辺の陸地という風で、「住之江」は単なる地名になっているようである。それゆえか表記も、おそらく「住み好し」の意も込めて「墨吉・住吉」としたのではないだろうか。「葦」をヨシ（吉）と言い替えたのと同工である。

「エ」は、狭義のヤマトコトバではなかったようである。おそらく、各地で住之江と同様な湿地の干上がりや田地化が進み、それによって地名としては残っていても、その実態はよくわからなくなり、後世の辞書の解釈を惑わせることにもなったのだろう。

ところで、右の初めの歌では、「墨の江の岸の浦廻《うらみ》」という表現があるが、江や岸と「浦」とはどんな関係だろう。「水の江の浦嶋子」とも言うからには、「エ」と「ウラ」との関係は何ほどか濃いようでもある。

ウラについても、とりあえずエの場合と同様に、辞書類の解釈から見てみよう。文頭の整理記号は、「江」の場合と同一の辞書を示した。

イ　①海や湖の湾曲して陸地に入り込んだ所。「田子の浦」②一般に海辺。また、水際。「浦の苫屋《とまや》」　（広辞苑）

ロ　①海や湖などが湾曲して陸地に入りこんだ所。「まつらのうらの少女《をとめ》らは」（万五、八六五）②海べ。　（新潮国語辞典）

ハ　海・湖・池などの、湾曲して陸地に入りこんだ所。「ふせの海の浦を行きつつ玉藻拾はむ」（万四〇三八）。「浦、大川旁曲、諸船隠風所也。和名宇良《ウラ》」（和名抄）　（岩波古語辞典）

ニ　浦。入江。海や湖の水ぎわが陸地に入りこんでいるところ。「ひねもすに見とも飽くべき宇良にあらなくに」（万四〇三七）「浦をよみうべも釣りはす」（万九三八）「時つ風吹くべくなりぬ香《か》椎潟《しひかた》潮干の浦に玉藻刈りてな」（万九五八）「浦宇良　大川旁曲渚、船隠風所也」（和名抄）「浦ウラ」（名義抄）—隠る・—潮・—渚・—浪・—淵・—廻　（時代別国語大辞典　上代編）

ホ　（裏と同語源）①海・湖などの湾曲して、陸地に入り込んだ所。入り江。湾。（用例、万葉集・和名抄など略）②海岸。海辺。川辺。水際。（用例、古事記・古今集・新古今集な

ど略）方言①入り江。②港。③網をおろす場所。以下略。（日本国語大辞典）

実は、「浦」を辞書類で引いてみたのは、今回が初めてだった。その結果、それぞれの辞書の説明が、極めて「江」に類似していることに、驚き、困惑した。総じて各辞書とも「入り江」と「浦」とは、ほぼ同義という解釈である。

しかし、万葉集では、「浦」は「田子の浦」のように、上に「〇〇の」と地名を冠した例だけでも、六十余例に上り、おおよそ田子の浦以西、西日本一円に散らばってある。東の方に、そうした浦がなかったというわけではなく、奈良の宮廷人の行動範囲や関心による偏りに過ぎないから、もちろん列島上には、もっとたくさんの「浦」があったに違いない。ともかくそうした中で、これぞ「浦」を詠む歌という長歌を、二首挙げてみよう。まずは、田辺福麻呂歌集の「敏馬浦《みぬめのうら》を過ぐる時の作歌」、

八千《やち》桙《ほこ》の　神の御世より　百船《ももふね》の　泊《は》つるとまりと　八《や》嶋国《しまくに》　百船人《ももふなびと》の　定めてし
みぬめの浦は　朝風に　浦浪さわき　夕浪に　玉藻は来寄る　白沙《しらまなご》　清き浜辺は　行
き還《かへ》り　見れども飽かず　諾《うべ》しこそ　見る人ごとに　語り継ぎ　偲《しの》ひけらしき　百世《ももよ》
経て　偲《しの》はえゆかむ　清き白浜
（一〇六五。反歌二首略）

今一首、「山部赤人の作歌」とするもの、

八隅知《やすみ》し　吾が大王《おほきみ》の　神ながら　高知らせる　稲見野《いなみの》の　大海《おふみ》の原の　荒妙《あらたへ》の　藤井の浦に　鮪《しび》釣ると　海人船《あまぶね》さわき　塩焼くと　人そさはにある　浦を吉《よ》しみ　うべも釣りはす　浜を吉しみ　うべも塩焼く　あり通ひ　目さくもしるし　清き白浜

反　歌

沖つ浪辺《なみへ》つ浪安み漁《いざ》りすと　藤江の浦に船そさわける　（九三八・九三九。他二首略）

「敏馬《みぬめ》の浦」は、現神戸市灘区あたりの地域、「藤江（藤井？）の浦」は、そこより少し西の明石市西部に当たるというが、現在はいずれも都市部沿岸となり、歌われるようなかつての面影はない。しかし、万葉集の時代は、いずれも、百船が停泊し、海人船《あまぶね》が騒ぎ、魚釣りばかりでなく、白砂の浜では、多くの海人が、玉藻を刈り、塩を焼くなど、豊かな海の幸を求めての喧騒があった。「浦」には、確かに船を留める浪穏やかな入り江（良港）は必須であっただろうが、「清き白浜」も、また、「飽《あく》の浦の清き荒磯《ありそ》」（一一八七）、「鞆の浦の磯の室の木」（四四七）といった「磯（岩場）」なども広がっていて、そこで海人たちが日々の生業に精を出していたのである。

　万葉歌人たちは、格別の興味を持って、その生態を歌っており、たとえば、巻十五の「物に属《つ》けて思ひを発《おこ》す歌」（三六二七）という長い長歌では、「（難波の）三津の浜→敏馬《みぬめ》（の浦）→淡路の島→明石の浦→家島→」とクルーズ船のように浦・島めぐりをし、最後に「玉の浦に舟を留《とど》めて　浜辺《はまび》より浦磯《うらいそ》を見つつ……」というように、「物」とは、浦・島・浜・磯等における景物や人物の活動のことであった。

　神代の昔から続くという古代の「浦」とは、要するに「海人《あま》の拠点（集落）」のこと、今の言葉で言うなら入り江や遠浅の砂浜沿いに広がる漁師町のことである。万葉集には出ない、関東の「霞ヶ浦」「勝浦」（千葉）や「三浦半島」（神奈川）、能登半島の「福浦」、など、往古の面影を偲ばせる「浦」も各地に残っている。東京湾端の「浦安」は、いつの時点での命名かは不明だが、日本書紀によれば、その昔イザナギの命が、この国を名づけて「日本《やまと》は、浦安《うらやす》の国云々」と言った（神武紀三十一年）ともある。

　あるいは、沖縄の「浦添」市は、かつての琉球王国の王城の地である。また、推古天皇が、なぜ、大和盆地の畳なづく青垣の中に「豊浦宮《とよらのみや》」を定めたかは、皇位に就くに当たり、古えを推しはかり、神功皇后の行宮だった「穴門（→長門）豊浦宮」に思いを寄せたからだった。

「浦《うら》」とは、はるか大昔、王城の地を言うに相応しい豊饒の響きを持った言葉であった。近年の辞書類の言うような、単なる「入り江・湾」などの意ではありえない。おそらくその解は、浦が寂《さび》れ果てた時代の、「見渡せば花も紅葉もなかりけり浦の苫屋《とまや》の秋の夕暮れ」（定家）といった歌などからの、漠然とした印象にもとづく推測なのかと思われる。

時は下って、御伽草子の「浦嶋太郎」でも、浦嶋太郎は、「ある日のことなるに、釣りをせんとて……浦々しま〴〵入り江〳〵至らぬ所もなく釣り（糸）をたれ貝をひろひ」と、「浦」と「入り江」は別立てで語っている。

6　シマ（島）とクニ（国）

「浦」について、5で引いた万葉集の長歌を見ていると、「浦」と並べてしばしば「島」が歌われていることに気づく。両者への関心は、ほぼ同様のようで、つまりは、京人《みやこびと》はその地で活動する海人《あま》の珍しい生態に興味津々だったということだろう。

ところで、「シマ」は、地理的には、水に囲まれた陸地を指し、その点では、現代語ともほとんど同じである。

おし照るや　難波の埼《さき》よ　出で立ちて　わがクニ見れば　淡島《あはしま》　オノゴロ島　檳榔《あぢまさ》の　島も見ゆ　放《さ》けつ島見ゆ　（仁徳記）

という、アマ族から宮廷に入った黒媛という女性の望郷の歌（語り中では、郷里《くに》に帰ってしまった黒媛を恋い天皇が歌ったとしている）の「島」は、そのまま、今の淡路島あたりのことだと理解される。その島々は、「わがクニ」だという言い方も、「私の郷里《クニ》は、あの島々よ」と、現代語に直しても、そのまま通じるものだろう。なお、シマとは、本来、海中に盛り出た陸地とは限らず、川や湿地の中でも、水から盛り上がり固まった地は、川中島や浮島等と言われるシマだった。「取りつく島もない」という慣用句があるが、その島とは、海中の島というよりも、ずぶずぶの湿地に足を取られて、せめて、その中で堅固な所（シマ）に取りつきたいと藻《も》掻《が》く、日々の体験を踏まえた表現だったかと思われる。

ところで、「シマ」と「クニ」とは、古代、親和性のよさそうな言葉同士である。古事記冒頭部のイザナギ・イザナミの国生み神話では、「国土《くに》を生みなさむ」と言いながら、次々に生まれてゆくのは、伊予の二名の島（四国）・筑紫の島（九州）、伊岐島（壱岐）・津島（対馬）・佐度島等の「島」で、その後に大倭豊秋津島《おほやまととよあきつしま》（本州）を生み、「この八島を先に生めるに因《よ》りて、大八《おほや》島国と謂ふ」などとしている。この「八島国」は、一定共通の言い方だったようで、後に、出雲の大国主命《おほくにぬしのみこと》が、高志《こし》のヌナ河媛《かはひめ》を婚《よば》う際の歌語りでも、

八千矛の　神の命（大国主）は　八《や》島国《しまくに》　妻枕《ま》きかねて　遠々し　高志の国に　……

と、歌われている。「八島国」とは、「多くの島や国」の意だろう。現代語で「日本は島国

だ」と言うのとは、少しニュアンスが違っている。魏志倭人伝には、「(倭人は)山・島に依りて国・邑を為す」ともある。

ところで、クニは、「国」と漢字を宛ててしまうと、それ以上何の問題もなさそうだが、もともと、初めに挙げた歌の「わがクニ」の例や、

八隅知《やすみし》し　吾が大王《おほきみ》の　聞こしをす　天《あめ》の下に　国はしも　沢《さは》にあれども　(万　三六)

隠口《こもりく》の　長谷《はつせ》小国《をぐに》に　夜《よ》ばひせす　吾がすめろきよ　(三三一二)

などからも分かるように、本来、郷里・集落といった小さな区域を指していたと見られる。クニの「ニ」とは埴《ハニ》・青土《あをニ》などのニと同じで土のことである。万葉集には「土」だけでクニとする表記も見える。古事記があえて表記に「国土」と土を添えたのは、漢語「国土《こくど》」を意識したのではなくクニのニの意味を明示したかと思われる。ならば、クニのクの方はどんな意味だったのかは、こちらは簡単には思い至る類語がない。語源・語義の分からない古語は稀ではないのだから、分からないものは、分からないままにしておくしかないとも言える。しかし、あえて妄言めいた推測を示せば、「木の神、ククノチ神」(神代記)、「吉野のクズ(国巣・国主・国栖)」のクに通う、木を指すクではなかっただろうかとも思

える。

列島先住の一部族クズについては、応神記紀の記事から吉野のクズ人の消息が知られ、風土記にも、「古《いにしへ》、国栖有り。名づけて土雲《つちぐも》と曰ふ」（常陸国久慈郡）などともあって、漢文資料は、すべてそのクに「国」の字を宛てている。万葉集には一例のみ、

国栖《くにす》等《ら》が春菜摘むらむ司馬《しば》の野の　しばしば君を思ふこの頃（一九一九）

とあり、歌詞の音数からも「国栖」は「クニス」の表記だと見られている（クヅドモと訓めなくもない）が、漢文資料の記・紀・風土記では、クズなのかクニスなのかは、今一つ決めかねる。

ところで、古事記（雄略）には、三重の采女《うねめ》が機嫌を損ねた天皇をなだめて歌ったとされる、次のような歌がある。

纏向《まきむく》の　日しろの宮は　朝日の　日照る宮　夕日の　日影る宮　竹の根の　根足《ねだ》る
宮　木の根の　根延《ねば》ふ宮　八百土《やほに》よし　い杵築《きづ》きの宮
真木さく　檜《ひ》の御門《みかど》　新嘗屋《にひなへや》に　生ひ立てる　百足《ももだ》る　槻《つき》が枝は　上《ほ》つ枝は　天《あめ》を覆

へり　中つ枝は　東《あづま》を覆へり　下《し》づ枝《え》は　鄙《ひな》を覆へり　……　こしも　あやにかしこし　高光る　日の御子　事の語り言も　こをば　（雄略記）

この歌は、すでに先人の歌によって共通認識となってもいた幾つかの歌句を、アレンジして組み合わせ歌った趣をもつものである。右の部分は、「常に朝夕の日の影に照らされ、竹や木の根が生え広がった土台もしっかり固めた宮を構え」（初段）、「「天・東・鄙」とあまねく枝を広げて覆っている槻の木のごとき」（第二段）「高光る日の御子」よといった褒め歌である。初段は、あたかもク（木）がニ（土）に根を張り、第二段は、その木《ク》そのものだという王（スメラキ）の「高知らす」偉大さを称えているが、何となく「ク・ニ」という語の発祥が窺われるものではないだろうか。

とまれ「くに」とは、シマとは異なり、内陸山間部の木々茂る地域に発し、そこを一族の居所とする人々の言葉だった可能性が強いだろう。クズ人のクに、もっぱら「国」を宛てたのは、おそらく彼らの居住実態が、原始的な「木《ク》・土《ニ》」すなわち「国」に適うものだと思われたのではないだろうか。ただし、それが、シマと通うところがあるとすれば、異なる地域それぞれに棲む人々の、帰属する「郷里」を指すという一点である。その点で、クニとシマは同義であり、それぞれのことばが出会ったところで、互いの疎通のために

「シマクニ」と続けて言った語法だったかと思われる。

往古こうした語法があったことは、幾つかの古代文献上の言葉で確かめることができる。「黄泉比良坂《よもつひらさか》」とは、神話では、死者の往く「黄泉国《よみのくに》」と生者の棲むこちらの地との境界の「坂」だが、古事記があえて仮名表記に音注を付けた「ヒラ坂」のヒラとは、「坂」と同様の「傾斜地・坂・崖」などの意だとする方言が近年まであった。『日本方言大辞典』（小学館）によると、近畿や中四国を除いたその周辺部、東北・関東や九州・沖縄等に広く残っていたことが知られる。つまりは、「坂」の意の異族語の同義語として、「ヒラ」と「サカ」とを一体化させた言い方だと見られるものである。同様の熟語は、「ホラ・アナ（洞穴）／ハニ・ツチ（埴土）／ノ・ハラ（野原）／ムラ・サト（村里）」あるいは「アタ・カタキ（仇敵）／ツルキ・タチ（刀剣）」などと、何ほどかいわば原始生活上の重要性も窺われる用語に見られるが、明らかに先に見てきた「野山・山川・海山」とは異なる結びつき方である。

さて、本題は、「しま・くに」のことだが、そのような一体語を通して、ヤマトの宮廷人も「シマ」という語のニュアンスに馴れることで、おそらくは、

あまざかる鄙《ひな》の長道《ながち》ゆ恋ひ来れば　明石の門《と》よりやまと嶋見ゆ　（万　二五五　人麻呂）
海原の沖辺に灯《とも》し漁《いざ》る火は　明《あか》して灯せヤマトシマ見む　（三六四八）
名ぐはしき稲見の海の沖つ浪　千重《ちへ》にかくりぬ山跡《やまと》嶋根《しまね》は　（三〇三　人麻呂）
……　綿津海《わたつみ》の　手に巻かしたる　珠手次《たまだすき》　懸て偲ひつ　日本嶋根《やまとしまね》を　（三六六）

という地勢的にはシマではない「やまと」に対しても、特に島々の浮かぶ海上にあって、その地を懐かしく思う時には、いわば「八島国」の中の一つである「やまとシマ」として、おのずと口にされたというのではなかっただろうか。「やまとシマネ」については、

播磨国風土記（逸文）に曰く、明石の駅家《うまや》、駒手の御井は、難波の高津の宮の天皇（仁徳）の御世、楠《くす》、井の上に生ひたりき。朝日には淡路島を蔭《かく》し、夕日には大倭《やまと》嶋根を蔭しき。……

という記事も残り、そうした言い方も時にはなされていたのだろう。「根」は、「岩根・垣根・屋根」など、いわばしっかりと根が張った感じを付加する接尾語でもある。ネについ

ては、Ⅰの2では、「富士のネ」といった東国の高山を言う場合を見たが、「根の国」（祝詞）、「根の堅洲国《かたすくに》」（神代記）などのネでは、むしろ地下あるいは海底の国にあるイメージでもある。抽象的には「おおもと・根底」といった意では通うが、どこの何を「ネ」と捉えるかは、地域あるいは部族の生活実態により異なっていたということだろう。

そして今一つ、「シキシマノやまとの国」という枕詞について。

式嶋《しきしま》の　山跡《やまと》の土《くに》に　人多《さは》に　満ちて有れども　藤波の　思ひ纏《まつは》り　若草の　思ひ就《つ》きにし　君が目に　恋ひや明かさむ　長きこの夜を

反　歌

式嶋の山跡の土《くに》に　人ふたり有りとし思はば何か嘆かむ　（三二四八・三二四九）

この枕詞については、かつて詳しく考察した（小著『ヤマトコトバの考古学』第七章、平凡社）ので、ここでは結論だけに止めたいが、平安期以降「和歌《やまとうた》」の道のことにもなる「シキシマ」とは、「磯城《しき》郡」という大和国の郡名とも通う語だが、本来の意味で字を当てるなら「繁木島」である。多様な木々の繁るシマということだと見られ、つまり「大八島国」はすべて繁木島で、その木草に言寄せて歌も生まれるのだとしたのだろう。

なお、シマにはまた、「シマ・ヤマ」と「山」と熟語になる数例が万葉集に見られる。

皇神祖《すめろき》の　神の御言《みこと》の　敷き座《いま》す　国のことごと　湯はしも　沢《さは》に在れども　嶋山の　よろしき国と　こごしかも　伊予の高嶺の　いさ庭の　岡に立たして　……（三二二　赤人）

大小の島々が点在する瀬戸内海の情景などでは、海上や対岸地域から眺めると、島々の影と、さらに奥の陸地の山々の影とは、幾重にも濃淡相重なって、島と山の区別などつかず、つまりは「島山」としか言いようがない景観を呈している。奈良の宮廷人はまた、庭園の池の中に作った島の盛り土も「島山」と言ったようだが、要するに、山と島との見た目の景観の近さゆえに生まれた用語ということだったのだろうか。

最後に、「島・国」が、件の「大・小」を冠して地名へ展開するありようにも少し触れておきたい。

組み合わさった四語の中で、もっとも多く各地に展開し存続しているのが、「大島」で、

「伊豆大島・紀伊大島・周防大島・奄美大島」といった著名な大島ばかりでなく、全国には各地域なりの「大島」と呼ばれる島が存在する。中には長崎県のように七つもの「大島」がある県さえある。また、「小島（オジマ・コジマ）」の方も、現在では、無人島になっていたり、陸上の地名になっていたりする場合もあるが、それなりに各地にその地名が点在して残っている。人名への展開も、「大島・小島」どちらもあることは、日常、知られるところだろう。

ところが、一方の「大国・小国」は、地名に展開する勢いが「島」に比べ、はなはだ弱かったと言わざるを得ない。「大国《おおくに》町」といった地名もないわけではないが、「大国主神」を祭る神社があるゆえだったり、「大国」を音読みして「大黒《だいこく》」に転じたりしたものもあるようである。また、万葉集に、先に例示したように「長谷《はつせ》小《を》国《ぐに》」などと歌われてもいた「小国」の方も、各地に点在もしていたが町村合併等で消滅したなどとも言われて、いまや岩手県宮古市・広島県世羅町などに、細々と残る程度である。

シマとクニのこの転々の違いは、おそらく、次のⅡで詳しく見るように、一地域の「小《を》国《くに》」だった「ヤマト」が、「日本」のことになったのと関係していたのではなかっただろうか。つまり、それに歩調を合わせるようにクニの呼称も抽象的な「国家」のことに成り上がり、その中で、各地の「大国」は、ただの「大国」ではなく個々に具体名を持った諸

「国」に編成され、多くの「小国」も次第にその中の「郷」等として組み入れられていったということなのかと思われる。シマの太古からの持続性に対して、クニの方は、時流に応じた変貌が激しかったということなのだろう。かの「対馬」は、その名のままに、本来はシマだったが、一時クニとされ、いまはシマに戻っている。

7　翻訳語　アメ・ツチ（天地）

天地《あめつち》初めて発《ひら》けし時、高天《たかま》の原に成る神の名は、天之《あめの》御中主《みなかぬしの》神、次に高御産巣日神、次に神産巣日神。……

（古事記　上巻　冒頭）

天地《あめつち》の　初めの時の　久方の　天の河原に　八百万《やほよろづ》　千万《ちよろづ》の神の　神集ひ　集ひ座《いま》して　神分《はか》り　分りし時に　……

（万　一六七　柿本人麻呂）

天地《あめつち》の　分かれし時ゆ　神さびて　高く貴き　駿河なる　ふじの高嶺《たかね》を　……

（万　三一七　山部赤人）

いわゆる上代文学に少しでも触れたことのある人なら、右の古事記神代の巻の冒頭、あるいは有名な山部赤人の富士の歌等において、「天地の初」から始まるこれらの文言を、ほとんど何の疑いもなく、この国の始まりを語る言葉として受け容れているだろう。実際、「あめつち」は、万葉集でも六十余度も歌われて、いわば当時流行りの言葉だったとも見られる。しかし、流行りの歌ことばは、それが、一定新しくてインパクトのある言葉だったことを、伝えているのではないだろうか。
日本書紀では、古事記の「天地初発」相当部は、資料にした各書で、次のように始まっているとされている。

古《いにしへ》に天地未だ剖《わ》かれず、陰陽分かれず、混沌にして鶏子の如く、（本文）
天地、初めて判《わか》れしとき、一物虚《そら》の中に在り。状貌《かたち》言い難し。（第一書）
古《いにしへ》に国稚《わか》く地稚かりし時に、譬《たと》へば浮ける膏《あぶら》の猶《ごと》くに漂蕩《ただよ》へり。（第二書）
天地混成の時に、始めに神人《かみ》有り。可美葦牙彦舅尊《うましあしかびひこぢのみこと》と号《まを》す。（第三書）
天地初めて判れし始めに、倶《とも》に生れる神有り。国常立尊《くにのとこたちのみこと》と号す。（第四書）
天地未だ生《な》らざる時に、譬へば海上《うながみ》に浮かべる雲の根係《かか》れる無きが猶《ごと》し。（第五書）
天地初めて判れしに、物有り。葦牙《あしかび》の若《ごと》くして、空の中に生《な》れり。（第六書）

「本文」の冒頭は、漢籍の『淮南子　天文訓』からそのまま借用したと言われている。日本書紀は、言うまでもなく漢文なので、「天地未剖・天地初判・天地未生」など、いずれも当然漢文調の文言である。ただ、本文と、第二書が、「古《いにしへ》」で始まっており、古事記やこれらを眺めてみると、第三書・第四書の「始めに」とともに、そのあたりが、本来の口承の語り始めの言葉ではなかったかとも思われる。

万葉集の「アメッチ」には、「天地」と表記するもの以外に、

乾坤《あめつち》の神を祈りて　吾が恋ふる君いかならず逢はざらめやも　（三二八七）
乾坤《あめつち》の　初めの時ゆ　天漢《あまのがは》　い向かひ居りて　（二〇八九　七夕歌）
……　玄黄《あめつち》の　神祇《かみ》にそ吾が祈む《の》　いたもすべなみ　（三二八八）

と、あえて漢語由来の言葉であることを明示したような表記もある。「玄黄」とは、「天地玄黄」という『千字文』冒頭から取ったもの、「乾坤」は、『易』で「天地」のことである。

以上のことだけでも「天地《あめつち》」が翻訳語由来であることが明白だと思われるが、これだけだと、逆に、「アメツチ」という表現はこの地のもとからある言葉で、それにピッタリな漢語があったために「天地」と字を宛てた可能性があるのではないかと反論できるかもしれない。それについては、次のような検討も必要だろう。

「あめつち」のアメは、単独では、「アメの下・アメの御蔭《みかげ》・アメ知らす」などと使われる、頭上に広がる天空のことだと理解することもできる。しかしツチとは、一般には、

六月《みなづき》の地《ツチ》さへ割《さ》けて照る日にも　（万　一九九五）

吾が意《こころ》天《あま》つ空なり　土は踏めども　（二八八七）

霍公鳥《ほととぎす》　花橘を地《ツチ》に散らしつ　（一五〇九）

松が枝《え》のツチに着くまで降る雪を　（四四三九）

などと、現代語の「土《つち》」の感覚とさほど変わらない、手触り・足触りのある土のことである。最初の例は、日照りで田の土などがひび割れること、次は、うわの空で地に足がつかない状態、あと二つは花が土に散ったり、枝が雪の重みで下がり土に着きそうになるといったことである。原初「天地」が分かれるといった場合の、いわば「大地」の意味でツチが使われることはない。唯一、

天《あめ》へゆかば　汝《な》がまにまに　ツチならば　大王《おほきみ》います　（八〇〇　山上憶良）

という、漢籍に精通していた憶良が、「天・地」を分けて詠み込んだ例が見られるが、大王が「つち」に「います」というのは、万葉集時代の「高知らす・高光る」と言われる大

王に対し、むしろ耳馴れず不自然な表現である。ともかく、古代語「つち」には、天と地が分かれるといった場合の抽象的な「大地」という意味はなかった。ツチの感じは、「畑の土・庭の土・山道の土」といった場合に現代人が感じると同様な感じ方だったと思われる。

さらに、平安時代における「あめつち」という語のありようについて、少し見ておくことにしたい。

平安期の勅撰和歌集「八代集」に「あめつち」という表現が出るのは、拾遺和歌集恋の巻に「天地の神ぞ知るらむ」（六五九）とあるのと、千載和歌集の同じく恋の巻に「天地の極めも知らぬ御代なれば」（六三七）とある二例のみである。「あめつち」は、「あまの原・わたの原」のような平安和歌の歌語とはならなかったようである。『古今和歌六帖』には六例見られるが、すべて人麻呂・赤人等万葉歌人の歌である。

ただ、平安初期に作られたかと見られている作者不詳の「あめつち」の唱え言、「あめつち　ほしそら　やまかは　みねたに　くもきり　むろこけ　ひといぬ　うへすゑ　ゆわさる　おふせよ　えの江を　なれゐて」という、和語の四十八音節（ヤ行のyeが入る）を網羅して、四十七字の「いろは歌」以前の成立かと言われるものがあり、冒頭「あめつち」から始まっていることが注目される。源為憲による幼学書『口遊』が、「里女の訛説也」と見下し気味に伝えたこの「世俗諺」の成立は、もしかしたら、「あめつち」が、いわば流行語だった奈良時代末期にさかのぼるのかもしれない。

「天地《あめつち》」の「未剖・初発」に、奈良の知識層が入れ込んだのは、語り部によって、口承されてきた創生の神語りが、先の書紀第二書・第三書や古事記にも同様な語りのある、葦《あし》牙《かび》の如萌え出る「葦原の中つ国」の創生語りだったと見られるもの、およびそれに続いて生成語りの中核をなす「イザナギ（凪）・イザナミ（波）」の国生みの、明らかに「海人《あま》」語りから出たと見られる神語りに対して、山人ヤマト族には、まともに口承された創生の神語りがなかったからではないだろうか。そこに漢籍由来の「天地未剖・天地初発」説に出会い、これこそわが部族の真実だったとして、語り冒頭に据え、「天之御中主神《あめのみなかぬしのかみ》」（古事記）、「国常立尊《くにのとこたちのみこと》」（紀第四書）といった名ばかりの始祖神を立てたのではなかったかというのが、「天地《あめつち》」という「万葉時代語」成立をめぐる愚推である。

Ⅱ　国名以前の地名と国名の生いたち

1　国名以前の在所名「ガ（カ）」

数年前のこと、日本第一の大湖を有する滋賀県で、「滋賀」というのは、どうも日本中で認知度が低くパッとしない県名なので、いっそのこと「近江県」とか「琵琶湖県」とかに変えたらどうか、という話が起こり、住民投票までしたというようなことを仄聞した。結局、もとのままでということに決着したという噂に、よそ事ながら、少々心穏やかでなかった私も、ほっとしたことを覚えている。

明治の廃藩置県の際に、滋賀県が、なぜ「滋賀」という古語を復活させたかの事情は知らないが、ともかくシガとは、

ささなみの志我の大わだ淀むとも　昔の人にまたも遇はめやも　（万　三一　人麻呂）
吾が命し真《ま》幸《さき》くあらばまたも見む　志賀の大津に寄する白波　（二八八　穂積老）

などと、万葉集にもよく歌われた、由緒ある地名である。万葉集では、シガは、右の三一

番歌のような仮名で出る場合も多いが、後の「志賀」は、「漢委奴国王」の金印が出土した博多湾の「志賀《しか》の島」とも通う用字で、一定地名を意識して宛てた字とも見える。濁音のガと清音のカとは、関係する当地それぞれでのこだわりもあるようで、必ずしも一様ではない。「滋賀」の表記は、万葉集には出ないが、平安前期の『延喜式』『和名抄』等で一覧できる近江国の郡郷名では、筆頭に「滋賀郡」が出るので、そのあたりから採ったのだろうか。

ところで、シガとは、そもそもどんな意味だったのだろう。

滋賀の周辺には、南方に伊賀《いが》・甲賀《かふか》、北方に敦賀《つるが》・加賀《かが》等と、下を「賀」で承ける郡郷クラス以上の地名が点在する。今少し広く見ると、宇賀・芳賀（信濃国）・英賀（播磨国）なども目にとまる。奈良時代、朝廷が蝦夷防衛に設けた多賀（城）、現代も県名にしている佐賀（県）など、「賀」で承ける地名は、各地に広くあった趣でもある。何より、人名（姓）に転じた結果、「阿—・伊—・宇—・小—・加—・久—・古—・佐—・志—・須—・曽—・多—・千—・津—・利—……」というように、思いつくままに拾っても、五十音中の過半の音が上接音になっていて、人名の前段階の地名でも多様な展開があったことが窺われる。その他、「阿賀野・須賀原・遠賀川」などと、下接語のある地名もあるし、もともと「賀」というのは本来の意味に関係なく、いわば上の方針に則って「好字」として宛てたのだろうから、「駿《する》河・嵯《さ》峨・男《を》鹿」などのガも、「賀」相当語の可能性もあるだろう。
地名以前とも言える「ガ」という古語は、陸の意の「くガ」、あるいは、「住みカ」「在りカ」さらに「をカ（峰《を》カ→岡）」などのカにも通じると見られ、「在所」あたりの意味かととれる音である。多くの「―ガ（カ）」となる地名のほとんどが、「賀」で書きとられていて、地名も人名も、その形で今に至っているが、そもそもその語句がどんな意味なのかは、ほとんど分からないし、せんさくされることも少ない。

それらの中で、「シガ（滋賀・志賀）」のシは、古語で同音を含む語を多く拾うことができ、当地の地理的状況も知られるため、かろうじて意味が推察できるものである。

シボル（絞る）・シム（浸む）・シメル（湿る）・シタタル（滴る）
シル（汁）・シヅク（雫）・シグレ（時雨）・シト（尿）・ウルシ（漆）

などの語を群にして見ると、それらのシは、明らかに何ほどか「水」に関係した語義を有していることが分かる。また、「シミヅ（清水）」とは、当てられた漢字の意味で定着してしまっているが、もとは「シ」と「ミヅ」が水の同義で合体した、Iの6で触れた、「ひら・さか」「ほら・あな」「しま・くに」などと同様な、古い成立が窺われる同義合体語だったと見ることができる。

あるいは、「シマ（島）」のシも、水の意だったのかもしれない。志摩《しま》国の英虞《あご》湾や的矢《まとや》湾の深く入りこんだ地勢からは、「水《し》間《ま》」としての呼称だったことも彷彿される。現代語でも、「シッポリ濡れる・シメッぽい・ジメジメする」など、シの語感（音感）をなお継承して遺してもいる。

シガ（志賀・滋賀）とは、「水《し》処《が》」として、いわば「水郷」といった意で呼ばれた太古の地域名だったのである。ただ、万葉集の時代、その意味がヤマト政権の人々に認識されていたかどうかは、覚束ない。

琵琶湖の湖岸には、その昔の広大な湿地の葦原（当地ではヨシハラという）の面影を遺した地域もまだあるが、そこを「シガ」と言う以上に的確な呼称があるとは、私には思えない。その地の旧国名「近江」のなりたちについては、あらためて5で、考察したい。

なお、古事記によると、出雲国の「須《す》賀《が》」については、下界に降り立った荒ぶる速《はや》須《す》佐《さ》之《の》男命《をのみこと》が、宮を造るべき地を出雲に求めて、「須賀」という地に到り着いたところで、「我が御心《みこころ》スガスガシ」と詔《の》りたまい、そこに宮を造られたので、その地を今も「スガ」と云うのだといった、古代特有の地名起源説が見える。スサノヲの言挙げが先か、スガという地名が先かは曖昧だが、ともかくそれほどに古い地名だったということだろう。

現代に継承された「滋賀・佐賀」という県名、そして、身近な誰彼の姓としても親しい多くの「―賀」という人名は、初期文献に遺されたヤマトコトバの限りでは、その意味を探り難いほど、古いルーツを持つものである。そのことを、かろうじて分かるシガ（水処）の例から類推できるものが、他にもないだろうか。

2　国々の位置取りの認識

現代の我々は、当然のように、見馴れた日本地図の分県図に、府県名の代わりに旧国名を入れたものを見て、古代の状況を知ったつもりでいる。しかし、そのような地図が作られたのは近代のことで、言うまでもなく、日本地図なるものは、古代にはなかった。現伝する最も古い日本分国図と見られるものは、三好唯義・小野田一幸『日本古地図コレクション』（河出書房新社）によれば、鎌倉時代末の嘉元三年（一三〇五）に写したと記される仁和寺蔵の重要文化財に指定されているもので、「行基菩薩御作」と記され、通称「行基図」と言われているものだという。

初めてそれを見た時、現在の地図とは南北（上下）が逆に描かれていることにまず驚いたが、しかしよく考えれば、それはむしろ当然とも思えてきた。「天子は南面す」という言葉もあるが、北半球に位置する日本では、家は南向きに建てられることも多く、自然に考えて南北どちらが上か、と言えば、それは北でなく南だろう。

次に、国々の形が、近江あたりを中心に、まるで搗きたての餅をちぎってペタペタくっ

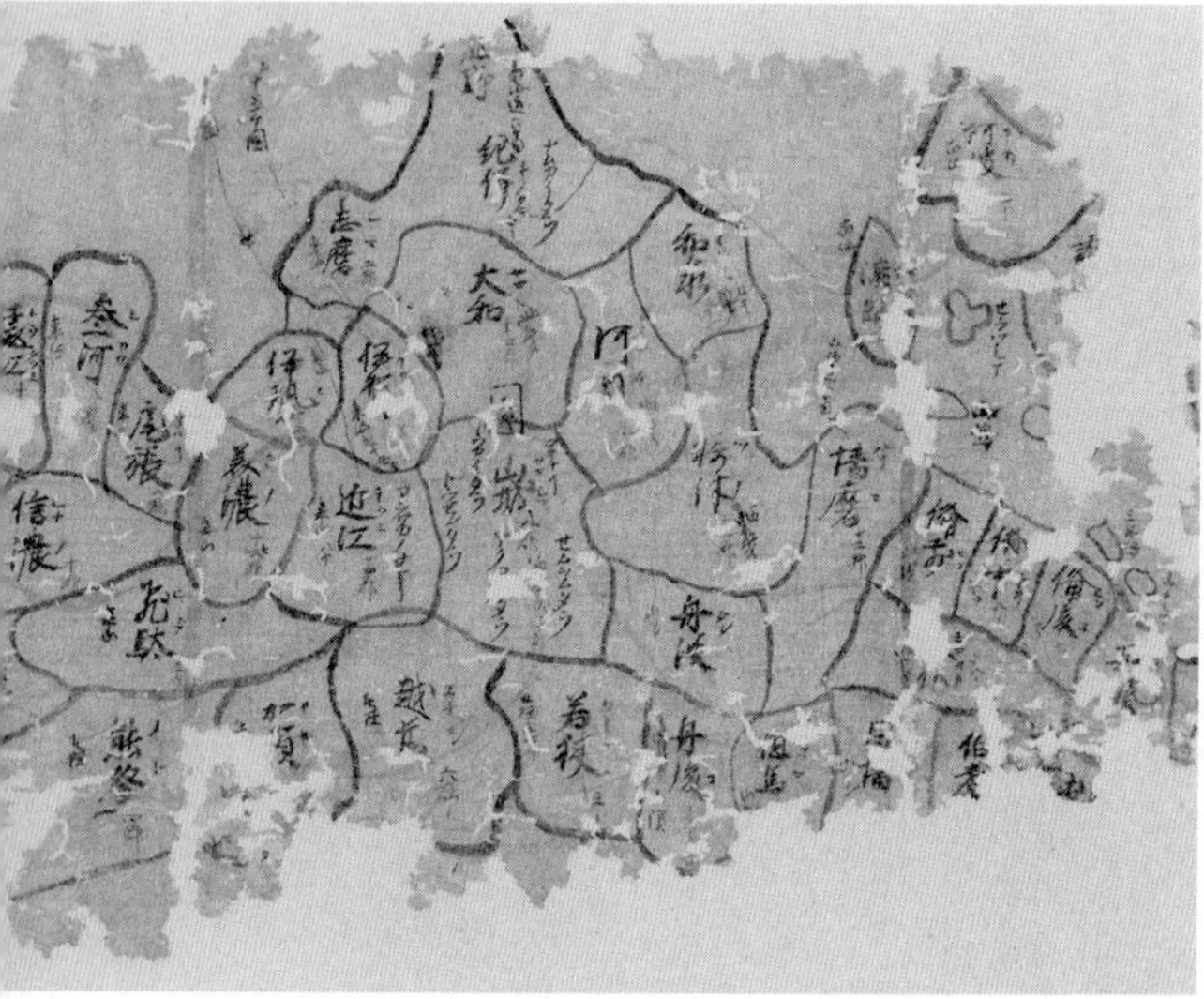

つけていったように、概していびつな丸形でくっつきあって広がっていることである。国名は概ね早くに固定したものが記入されているが、一番左に置かれた陸奥が、十国分くらいの大きさに長く描かれているのはそれとして、真ん中あたりを占めている大和や山城も、相対的な実態よりかなり大きめでもある。細かく見れば、現代の地図と比べて、いくらでもおかしなところは指摘できるが、各国の位置取りは、ごく大目に見てまあこんなものかといった感じである。

しかし、省みれば、現代の我々でも、ふだん住んでいる所から遠く離れた、縁者もいないような県の形など正確に

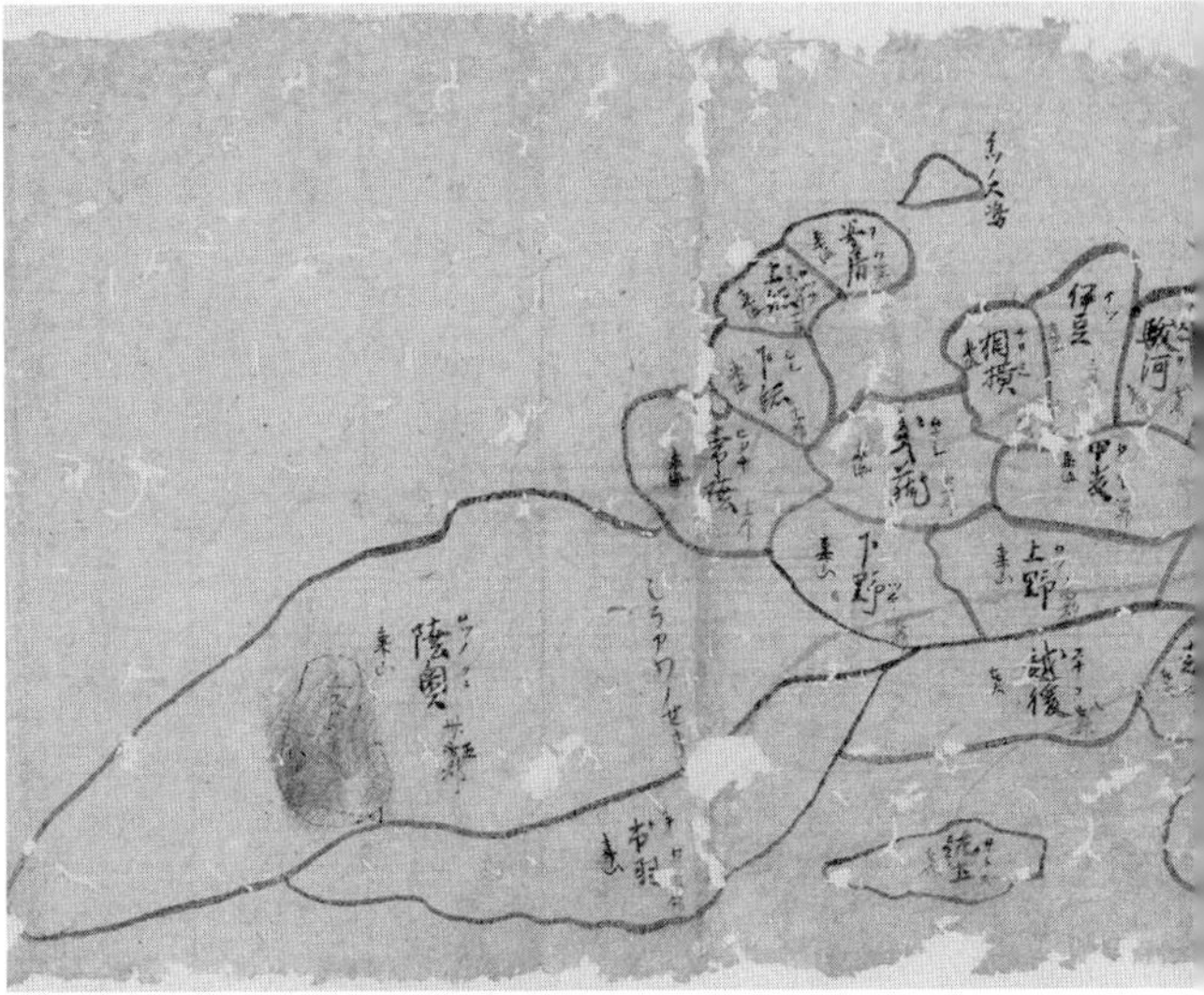

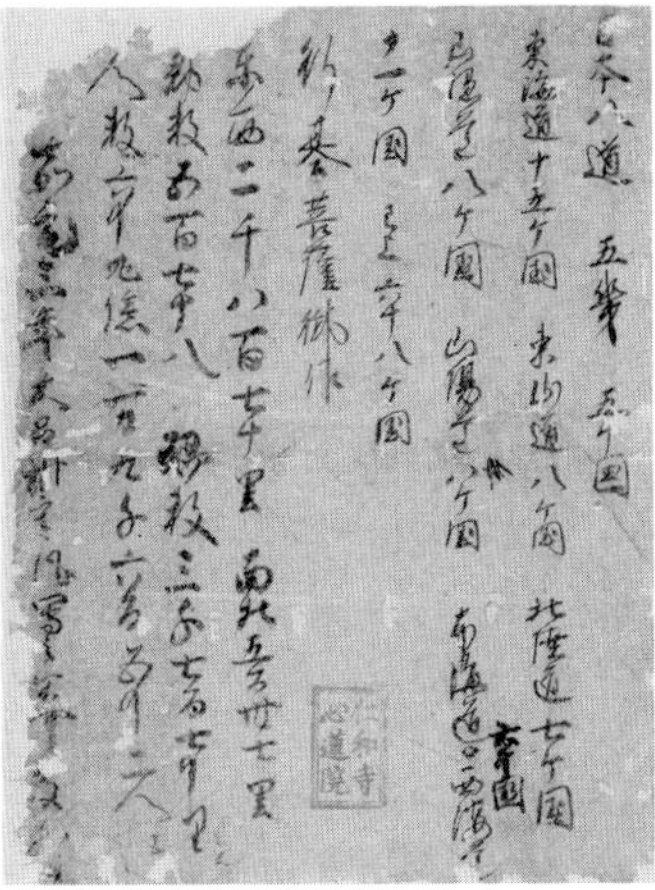

「日本図」(通称「行基図」。仁和寺蔵)　現存する最も古い日本分国図とされる

認識してはいないだろう。何も見ないで分県図を描けと言われたら、専門家でもなければ、行基図と五十歩百歩、いや位置取りなどそれ以下かもしれない。伝承を語ったり、文献を残したりした往古の人々は、そのあたりをどのように認識していたのだろう。まずは、古事記の中から探ってみることにしたい。

古事記において、旧国名に関わった名が出る最初は、言うまでもなく冒頭部分のイザナギ・イザナミ二神によるいわゆる国生み神話である。二神が睦言を交わし御合《みあい》して、まず生んだ子とは、「淡道島《あはぢ》」。次は四国の総称と見られる「伊予之二名島《いよ》」で、それは、「身一つに面《おも》四つ有り」として、面ごとの名に「伊予国・讃岐国・粟国・土左国」があるとする。次に、なぜか唐突に日本海側の「隠伎（隠岐）島」に移ってから、九州の総称と見られる「筑紫島」を生み、これも面四つ有りとして、「筑紫国・豊国・肥国・熊曽国」を挙げる。次に、「伊岐島（壱岐）・津島（対馬）・佐度島」、そして「大倭豊秋津島《おほやまととよあきづしま》」を生み、「此の八つの島を先《ま》づ生めるに因《よ》りて、大八島国《おほやしまくに》と謂ふ」と、一段落した。八島は、広さは大小さまざまで、最も大きそうな「大倭豊秋津島」の指すところは、日本海から見た中国地方（広く見ても近畿・北陸まで）あたりなのかと思われる。

この島々の認識は、淡路島を船で漕ぎ出して、四国を巡り、九州を巡り、外海に出ると目につくあちらこちらの大島（壱岐・対馬、口誦の順が錯綜した隠岐、そして佐渡）を確認し、最後に、全体を把握することは難しいが、ともかく大きく豊かに広がっている大倭豊秋津島がある、といった、明らかに海人の認識による神語りである。そして、その後、「還り坐す時」つまり淡路島へと引き返す時には、諸々の小島も挙げておかねばというわけで、こちらは馴染みの濃いものからか、「吉備の小島・小豆《あづき》島・大島（大三島か）・女島（姫島か）・知珂島（五島か）・両児《ふたご》島」の六つを生み、これで国生みは「竟《をは》り」とする。これはあくまで、海人の関心が反映した口誦に由来するもので、たとえば、天孫の降り立った「日向《ひうが》」や「出雲《いづも》」など、あるいは、海人ならば知っているはずの「伊勢・志摩」あたりなど、後の神話展開上の重要地点なども、まったく関心の外である。ただ、この国生み語りから知られることは、四国や九州北部の国名、および魏志倭人伝に出るツシマ・イキを含む島々の名などは、かなりな大昔からの海人の言葉での呼び名だった可能性を持つということである。海人出自の后妃のもとでの伝承が反映していたということかと推察される。当て字も比較的早くに定着していたのか、後の標準表記になったものが多い。

次に、第十一代垂仁天皇の皇子「本牟智和気御子《ほむちわけのみこ》」の物語。

この御子は、生まれてすぐに母と死別したショックからか、「八拳鬚《やつかひげ》心前《むなさき》に至るまで真《ま》事《こと》とはず」つまり成人しても言葉を発することがなかったが、「高往く鵠《くぐひ》の音を聞き、始めてあぎとひ為き《し》（声を発した）」。そこで、天皇は、その鳥を捕まえるよう山辺のオホタカなる者を遣わした。彼は、鵠を追って、「木《き》国より針間《はりま》国に到り」、また「稲羽《いなば》国」から「旦波《たには》・多遅麻《たぢま》国」に到り、「東の方に追ひ廻りて、近淡海《ちかつあふみ》に到り、乃ち三野《みの》国を越えて、尾張《をはり》国を伝ひて、科野《しなの》国に追ひ、遂に高志《こし》国に追ひ到りて」ようやく網を張って取って、持ち帰り献上した。

さて、この鵠追尾の軌跡は、おおよそ倭《やまと》を中心にして、やや大回りした周辺国をほとんど網羅した風でもある。「旦波・多遅麻」の所だけ順序を違えたかと見られるが、それ以外では、その軌跡を一本線で延ばしてゆくことができるような正確さで、遠方の高志に到るまでの国名を連ねて挙げている。ただしその国名表記は、「尾張」以外のすべてが、後のいわゆる標準表記とは異なるものである。

ちなみに、日本書紀での対応記事は、「ひげ八束《やつか》」に到るまで「不言」だった皇子《みこ》が、空を鳴き渡る鵠を見て言を発したというあたりはおおよそ同様だが、鵠を捕らえにゆく人物の名は全く別で、捕らえた場所も、「出雲に詣《いた》りて捕獲しつ。或いは曰く、但馬国に得つ」などと、あやふやに二国名を出すばかりである。

古事記の語りは、あるいは聞き手に、それら倭《やまと》の周辺の国々の名や在り処を、この際語り聞かせようといった意図を持ったものだったのかもしれない。それにしても、表記の異なりの問題は、大いに疑問の残るままである。「紀伊・播磨・因幡・丹波・但馬・近江・美濃・信濃・越」といった、古事記書き取りの八年後に成立した日本書紀が採用した、後に続く標準表記を、太安万侶《おおのやすまろ》は、国名・郡郷名等の民事を統括する民部省の高官として、どのようにとらえていたのだろう。右の、少なくとも「木・稲羽・近淡海・三野・科野」あたりは、推測できる範囲で言えば、もとの素朴な命名の意味が生かされている当て字にも見える。ただしそれが、太安万侶が当てた字なのか、先行する何らかの文書にあったものなのかも不明で、解決にはほど遠いままである。

今一件、大筋はよく知られた、ヤマトタケルの東征語りを見てみよう。

倭建命は、西征後、休む間もなく「頻《しき》りに」東征せよとの勅命に、道すがら伊勢神宮に仕える姨《をば》を訪ね、「天皇（景行）は吾を死ねと思《おぼ》す」のかと泣き言《ごと》を言い、姨から守り刀（草薙ぎの剣）等を賜り、東征に赴く。尾張国で一息ついた後、「東国に幸《いでま》し、悉く山河の荒ぶる神と伏《まつろ》はぬ人等とを言向け和《やは》し平《たひら》げ」た。そこからさらに、「相武《さがむ》国」での討伐を終え、「走水《はしりみづ》の海（浦賀水道）」を渡ろうとしたら、渡りの神が波を起こし、その波を鎮めるために后弟橘媛《をとたちばなひめ》命が身代わりを申し出て入水し、暴波はおさまった。

そこからまた、「悉く荒ぶる蝦夷等《えみしども》を言向け、山河の荒ぶる神等を平げ和《やは》して、還り上り幸し」た時に、(相武と駿河との境の)足柄の坂本に到り、「其の坂に登り立ちて、三たび歎かして、あづまはや」と詔云《のりたまわ》れた。「故、其国を号《なづ》けて阿豆麻《あづま》と謂ふ」のだ。さらに、そこより「甲斐《かひ》」に越えて「酒折宮」に坐します時、「新治《にひばり》・筑波《つくば》を過ぎて　幾夜か寝つる」と歌われた。すると、「御火焼《みひたき》の老人《おきな》」が「かが並べて　夜には九夜　日には十日を」と答えた。その老人には、東国造《あづまのくにのみやつこ》を給うた。「其の国より科野国に越えて、科野の坂の神を言向けて、尾張に還り」(以下略)。

さて、右は、国名が出る場合は、必ずそれを示した上で、極めて大雑把に纏めたものだが、そこに出る国名は、「伊勢・尾張《をはり》・相武《さがむ》・甲斐《かひ》・科野《しなの》、そして阿豆麻《あづま》」のみで、他は、「走水の海・足柄の坂本・酒折の宮・新治・筑波・科野の坂」という「地名」で語っている。もっぱら賊を「言向け和し、平げ和し」たという地域は、日本書紀の、おおよそ対応する記事で見ると、駿河や、上総・陸奥・常陸などの国名で挙げられる地域である。

ところで、現存の『常陸国風土記』冒頭部の「総記」と見られるところには、

古老の答へて曰く、古《いにしへ》は、相模の国足柄の岳坂《をかさか》より東の諸縣《もろあがた》は、惣《す》べて我姫《あづま》の国と称《い》へり。是の当時、常陸《ひたち》とは言はず。唯、新治・筑波・茨城・那賀・久慈・多珂の国と称ひ、各造《みやつこ》・別《わけ》を遣はして検校《をさ》めき。其の後、難波の……(孝謙)天皇の世に至り、

……坂より東の国を惣領《すべをさ》めしめき。時に、我姫《あづま》の道、分かれて八国と為《な》り、常陸の国、其の一つに居れり。

とあって、難波の天皇の世のこととは、いわゆる大化の改新のことだろうとされるが、常陸国風土記は、漢文に練達の中央から赴任した官人の記したものと見られるので、在地の「古老」の伝承ばかりとは思われない。つまり、東国八国、「相模・武蔵・上総・下総・上野・下野・常陸・陸奥」の国名が決まったのは大化の改新以後ということである。そうであるなら、「相武」以東について、国の名を挙げていない古事記の方が、書紀よりも当時の実態に即した語りだったということになるのではないだろうか。なお、常陸国風土記は、「倭武天皇《やまとたけるのすめらみこと》」の足跡が「地名」となって遺っているという「古老」の伝承を幾つも収録している。ちなみにすべて「いくさ」の話ではない。

さて、本題からは少し逸れるが、ヤマトタケル東征の記事の、古事記と日本書紀との異なりは、両書の性格や編纂方針の異なりが、最も如実に認められる部分でもある。国名の出し方などは、いわば些細なことで、ざっくりと言えば、後世の歌物語風の古事記と、いくさ物語風の書紀と言うことも可能だろう。あるいは、ひと昔前の用語で言うなら、女々《めめ》しい古事記と男々《おお》しい書紀とも見えるが、つまるところ、書紀は、あくまで、オホヤケ(表向き)の文書として、四十年もかけて大がかりな人数で編纂された、対大唐を強く意識もした公式の文書の中で、往時日本国統合に活躍した勇壮な英雄像を作り上げたのに対して、古事記は、いわばワタ・クシ(うらの秘事《ひめごと》)の語りとして口承されて来たものを、わずか四か月で書きとった、古事《ふるごと》の口誦を呼び出すための記《しるし》であった。

最も象徴的な違いは、末尾の倭建崩後の人々の哀悼の場面である。

古事記は、「倭に坐《いま》しし后等《たち》と御子等と、諸《もろもろ》下り到りて、御陵《みはか》を作りて、即ち其地のなづき田を匍匐《はらば》ひ廻りて哭《な》き、歌為《うたひ》て曰く」、

なづき田の　稲幹《いながら》に　稲幹に　這ひ廻《もと》ろふ　野老蔓《ところづら》

そして、御霊《みたま》が「八《や》尋《ひろ》白《しろ》智《ち》鳥《どり》」と化《な》って天に飛び行くのを、素足に血を流しながら追いすがり、

浅茅《あさぢ》野《の》原《はら》　腰泥《こしなづ》む　空は行かず　足よ行くな
海処《うみが》行けば　腰泥む　大河原の　植え草　海処は　いさよふ

浜つ千鳥　浜よは行かず　磯伝《いそづた》ふ

と歌ったのだった。そして、「この四つの歌は、皆其の御葬《みはぶり》に歌ふ。故、今に至るまで、其の歌は、天皇の大御葬《おほみはぶり》に歌ふぞ」と結ばれる。

ところが書紀は、「天皇の大御葬」の儀礼に後々までなったという、この四歌と后等の哀哭の所作（それなりの仕来りの儀礼でもあったか）には一切触れることなく、もっぱら景行天皇の、かけがえのない御子を喪った嘆きの言だという漢籍もどきの作文を長々と載せるばかりで、ただ、亡くなった地「能褒野《のぼの》」と、白鳥の飛び廻り留まった二か所と、合わせて三か所の御陵い葬りまつった、と記したのみである。

日本書紀は少なくとも崇神紀以降、史料としての価値を持ち、それに対して古事記は、単なる「昔語り」に過ぎないという見方は、いかがなものかというのが、この倭建東征譚を対照して読んだ時の、素朴な感想である。

3　宮処《みやこ》となった「山ト」と「山シロ」

「ヤマト」をどのように書くかという問いに、「大和」と答えられない日本人は、少ないと思われる。最近では、男子の名に用いているのを目にすることもある。しかし、その文字表記にヤマトという声（音）がどのように対応しているのかを聞かれたら、答えに困るのではないだろうか。

「ヤマト」国の文字に「大和」が使われるようになったのは、実は、列島上の国々の名に、決まった文字が当てられるようになった中で、もっとも遅いと言ってもよい。国々の名とその中の郡郷名が一括整理されて見ることができる資料は、先にも触れたように、平安前期に成立した『延喜式』や『倭名類聚抄』（以下「和名抄」と略称）であるが、奈良時代、八世紀をほぼ覆う正史である『続日本紀《しょくにほんぎ》』（以下「続紀」と略称）の国名表記は、それらとほぼ同様で、それが今に至ってもいる。続紀の前、養老四年（七二〇）に成立したとされる『日本書紀』の国名表記も、ヤマト以外では、ほぼ同様だった。それらの国名表記が公の文書で統一されるようになったのは、和銅六年（七一三）のいわゆる風土記撰進の官命に「畿内、七道の郡・郷の名は（二字の）好字を着けしむ」（続紀）とあるあたりに歩調を合わせたかと思われる。

ところで、2でも見てきた、古代の伝説的な悲劇の英雄ヤマトタケルノミコトの表記は、古事記が「倭建命」、日本書紀が「日本武尊」である。書紀には、「小碓尊《をうすのみこと》、亦名、日本《やまと》童男《をぐな》、亦曰、日本武尊」（景行紀二年）ともあって、双子の兄の大碓命と共に、母は吉備系の神女だったから、「ヤマトヲグナ」とは、「ヤマトの若様」といった風の吉備側からの呼称だったかと思われたりする。ともかく父景行大王とともに、西に東に国々の「言向け和《やは》し（征服）」に励んだ当時であるから、「ヤマト」も、それらの国々と並ぶいわば一小国だった時代である。大陸からの他称「倭」にせよ、こちらの自称「日本」にせよ、後に書きとった人々の感覚と、当時の古えの人々の語感とがズレていたことは、確かだろう。

万葉集の歌に、当然ながら「ヤマト」は盛んに歌われているが、その表記は、「夜麻登」等の仮名書き以外では、「倭17例・日本15例・山跡16例・山常1例」であり、「大和」は出ない。万葉集の成立は、歌の詠まれた年代等から、天平宝字三年（七五九）以後だと言われ、あたかも続紀での表記が「大倭」から「大和」に替わった時期でもある。ただし、万葉集は、例えば柿本人麻呂歌集・高橋虫麻呂歌集等々の先行資料をもとに編纂されていて、もとの資料の表記を踏襲もしているようなので、何となく古事記や日本書紀とも関連した当時の表記が、個々で自由になされていたありようを反映しているように思われる。

　ところでヤマト以外の国々の当て字を見ると、国名表記にあたっては、まずはその声(音)を書きとることが第一とされていたことが見て取れるが、それに沿うなら「山跡」という当て字はその基準に適っており、万葉集中十六例という、いわば誇大な意訳「倭」・「日本」に肩を並べた用例数は、ある時期一定通用していた表記だったかと思われる。

妹《いも》が家も継ぎて見ましを　山跡なる大島の嶺《ね》に家もあらましを　(九一　天智天皇)
山跡の宇陀《うだ》の真赤土《まはに》のさ丹《に》つかば　そこもか人の吾《わ》を言成《ことな》さむ　(一三七六)
山跡には鳴きてか来らむ霍公鳥《ほととぎす》　汝《な》が鳴くごとに亡き人思ほゆ　(一九五六)

　これらの歌での「やまと」は、地名としての普通の用法のようで、「倭」や「日本」で書き取るような感じではないとも思われる。あるいは、「山跡」は、比較的早い段階で用いられた、他の国々の場合と同様な、その音と、何ほどかの意味を踏まえた当て字として公認されかかっていたのかもしれない。ところが、ヤマト政権の勢力拡大に伴って、意識的に「倭」等の意訳表記を主体とした、ということなのかとも見える。

　一点問題となるのは、「ト」という音は、いわゆる特殊仮名遣いの「甲類・乙類」の区別がある音、つまり、母音の異なる二音があったとされる音であることである。そして「ヤマト」のトは、仮名書きで見る限り「登・等・常」などの乙類仮名で書きとられており、「跡《ト》」も仮名とすれば乙類である。ところが、「山」に続く以上「跡」も仮名ではなく、「ヤマ・アト」として、マの母音とアトのアを合体させた表記だとすると、「跡《あと》」のトは甲類とされる音となり、もしそうならば、「石《いは》ト・川ト・島ト・江ド」などの甲類音「ト（門・戸）」に類する「山ト」なのか、という疑念も出てくる。ただ、「モト（本）・フモト（麓）・トコロ（処）」のトは乙類なので、少なくともヤマト政権周辺の人々には、それらの意味に通じる乙類音と意識されていたようである。

ところで、そもそものの始まりのヤマトとは、

つぎねふや　山代川を　宮上り　我が上れば　青土《あをに》よし　奈良を過ぎ　小盾《をだて》　ヤマト
を過ぎ　我が見がほしクニは　葛木《かづらき》　高宮　我家《わぎへ》のあたり　（仁徳記）

という歌から推すと、小盾のように山が立ち連なる、通り過ぎて往く程の地だったのか、葛木と同等のクニとされていたのかどうかは、あまりよくは分からない。ただし、この歌より先に出る、よく知られた、倭建命の「国を思《しの》ぶ歌」だとされる、

ヤマトは　クニのまほろば（紀　まほらま）　たたなづく　青垣　山ごもれる　ヤマト
しうるはし（景行記）

においては、たしかにヤマトは、懐かしいクニ（郷里）とされている。なお、「まほろば」には注釈書類で「真秀ろば」などと字が宛てられるのが一般で、「秀」の字義に格別の思い入れをし、「ロ（ラ）・バ（マ）」はどちらも接尾語などとして済ます解釈も多く、それが定説のようになっている。しかし、

……　この照らす　日月の下は　天雲の　向伏《むかぶ》すきはみ　谷蟇《たにぐく》の　さ渡るきはみ　聞
こしをす　国のマホラぞ　……（八〇〇　憶良）

……　すめろきの　神の命《みこと》の　聞こしをす　国のマホラに　山をしも　さはに多み
と　百鳥の　来居て鳴く声　……（四〇八九　家持）

といった歌句で見ると、下接の「バ（マ）」はなくても意味が成立する語で、それを省いた「マホラ」の語の切れ目は「マ・ホラ」であろうが、「ホラ」とは、平安期の辞書に出

る訓でも、自然な語感でも、「洞穴《ほらあな》」の「洞《ホラ》」だと思われる。「国のマホラマ」とはどんな所かは、続けて歌われる歌句の通り「重畳する青垣山に囲まれ籠っている心安らぐ地」ということではないだろうか。たとえば後に「山ふところに抱かれて」などと言われるような、幼子にとっての母の懐のような安らぎの里といったところが、遠い大昔の「クニの真洞《まほら》」であろう。「秀《ほ》」といった突出するようなイメージではなかったと思われる。

さてしかし、ヤマト族は、ヤマトタケルの活躍した頃、当初の「山ト」から発展して諸国の「言向け和し」に精を出し、権勢を広げていた。

山常《やまと》には　村山あれど　とりよろふ　天の香具山　登り立ち　国見をすれば　国原は　煙立ちたつ　海原は　かまめ立ちたつ　うまし国そ　蜻島《あきづしま》　八間跡国《やまとのくに》は

（万　二　舒明天皇）

この歌では、「香具山」で国見をすると歌われている限りで、「山常」の国は、現在の飛鳥村あたりに展開しているということだろう。すでに皇祖たちの多くの言挙げを承けて、ヤマト食に充ち足りた、国の洋々たるイメージは現実を超えて膨らむ一方のようだったが、ヤマトが「むら山」を離れるまでには、まだ至っていなかったようである。ただ、それから百

年をまたず、

八隅知《やすみし》し　吾が大王《おほきみ》の　高敷かす　日本《やまと》の国は　皇祖《すめろき》の　神の御世より　敷きませる　国にしあれば　……　八百万《やほよろづ》　千年《ちとせ》を兼ねて　定めけむ　平城京師《ならのみやこ》は　炎《かぎろひ》の　春にしなれば　春日山　御笠の野辺に　桜花　木のくれかくり　……　露霜の　秋さりくれば　生駒山　飛ぶ火が岡に　萩の枝を　しがらみ散らし　……　山見れば　山も見がほし　里見れば　里も住吉《すみよ》し　……（一〇四七）

と、東西に望まれる山々は、すでに日本《やまと》の国の、「今が盛り」の平城京を彩る風景になっていた。

万葉集は、ヤマトの表記「山跡・倭・日本」を、自覚的に使い分けたわけではなかったから、たとえば、

日本《やまと》の室原《むろふ》の毛桃《けもも》本繁く言ひてしものを　成らずは止《や》まじ　（二八三四）

虚見《そらみ》つ　山跡の国　青丹よし　平城京師《ならのみやこ》ゆ　……　（四二四五）

など、両歌のヤマトの表記を入れ替えた方がよいか、と思えるような場合もあるが、ともかく、奈良時代前半頃は、一定の混用期だったようである。

続紀は、ヤマトの国を、まずは「大倭」と記した。和銅五年（七一二）の成立かと見られる古事記には、一字や三字の国名表記もあるから、国名・郡郷名は二文字でという公の基準は、それ以降ということだろうか。古事記の筆録者太安万侶の最終官職は、民部卿（民部省の長官）だったし、延喜式で見れば、各国とその郡郷名一覧は、巻二十二の「民部上」に収められているから、安万侶がそのことに関わらなかったとは考えにくい。しかし、2でも見たように、古事記の国名表記は、後の基準には則していないのである。

それはともかくとして、続紀の表記は、他の一字表記国である「木の国」が「紀伊」に、「津の国」が「摂津」になったのとあるいは同時期に、かなり場当たりな感もあるが「倭の国」には「大」を冠せようということだったかと思われる。慶雲元年（七〇四）の記事によると、大唐に渡った使節が「日本国の使」と告げた等ともあるから、「日本」はさすがにヤマト一国の名の表記からは後退せざるを得なかったということだろうか。なお「大倭」は、ヤマトともオホヤマトとも訓まれたようである。

ところが、続紀によると、その後とかくの面倒な曲折も経て、「大倭」が「大和」へと替えられることになったのが、天平宝字二年（七五八）からだと言われている（岩波『新日本古典文学大系　続日本紀』脚注・補注）。なぜ「倭」が「和」とされたかの因縁や理由付け等は一切不明である。ただし、その後は、すんなりと「大和《やまと》」が普及し、地名以外では、「和」だけでもヤマトと訓まれることもあった。なぜかその時点で「和」が、国家としての「日本」と同義にもなったのである。そして、ヤマト歌は「和歌」とされる一方、ヤマト物語は「大和物語」と書かれて伝わることとなった。後世にも一定感覚が継承されていて、たとえば、ヤマト魂は「和魂」であるが、戦艦ヤマトは「戦艦大和」と書かれる。伝統の手漉きの紙は「和紙」であるが、それに描かれる絵は「大和絵」などとされる。

　ヤマトの話はここで一段落する。国名のような大きな地名が、ある小さな集落名からどのように成長を遂げてゆくかの典型例として見てきた。文献が乏しく詳しい歴史の分からない他の国々の名においても、何ほどか類推する手がかりがあるだろうか。

次に、古代の今一つの宮処「ヤマシロ」の国について見てみよう。

　さきに、ヤマトの最初の例として挙げた歌に、「つぎねふや　ヤマシロ川を　宮上り　我が上れば　青土よし　奈良を過ぎ」とあったように、京となった奈良のすぐ北沿いの地域名として、古くから、折々触れられることもある地名だった。当初の当て字は「山代」

で、奈良時代「山背」と書きとられ、平安遷都後は、「山城」として、延喜式等にも載せられるが、続紀には「城」での記載はなく、最も新しい当て字である。

ところで、「シロ（代）」は、古代語としては、比較的よく使われる語であるが、「代」の代表的な和訓が「かはり、代理の代」であるゆえか、広辞苑等、その意にこだわった無理な解釈が見られ、本来のシロの意が曲げられていたりする。古代語が、シロに「代」を当てたのは、「時代・世代」の「代」とほぼ通う意、つまり、「奈良時代」とは、奈良に都が置かれた始まりから終わりまでの時間を指すように、いわば「領域・領分」あたりの意である。「苗代《なはしろ》」とは、稲苗を育てる神の領域、「網代《あじろ》」とは、川床に仕掛けた魚捕り装置、「屋代《やしろ》→社」とは、神の屋の領分でつまり境内のこと、「御子代《みこしろ》・御名代《みなしろ》」とは、皇子女等の所領や所有部民というわけである。王の領有の意識に関わる「高知らす・しろしめす」のシロとも通じる語だったと見られる。

さてそこで、地名にもなっているシロで承ける場合はどうだろうか。「藤代《ふぢしろ》・松代《まつしろ》」は、藤が蔓を絡め生え広がっている所や、松が群生している所で、要するに藤や松の領分といった感じで、わかりやすい。「磐代《いはしろ》」そして「山代」となるとどうだろうか。「磐シロ」は、おそらく崖状の岩が崩れ石等がゴロゴロ広がっている地域、そして「山シロ」は、山肌の土質が柔らかくて崩れやすく、山からの土が広く流れ出ている地域ではないかと思われる。

そうした所は、つまりは磐の領分、山の領分というわけである。実際、山城地域の東側の山は、崩れやすい土質だと聞いたこともある。

そのような「山代」が、なぜ奈良時代「山背」と字が宛てられたかは、もっぱら平城京での感覚で、京の北側の山の背後「ウシロ」に当たる地域とされたからだろう。万葉集では、「山代」で書きとられた歌は六首、「山背」は三首である。推古天皇で終わる古事記は、当然ながら「山代」のみしか出ない。

しかしながら、京《みやこ》が平安京に移れば、当然「山背」の表記では不都合というわけで、今度は、王城の地としても「山城」がよいとなってそれに落ち着いた。ちなみに、「城」がシロと訓まれることについても少し触れておきたい。

現代語で「城」とは、言うまでもなくその字の通りの天守閣や石垣等を構えた江戸期からの城である。そうしたシロは、はたしていつ頃からの言葉なのかということに関して、注目すべき用例が残っている。

鎌倉初期に成立したと見られる、いわゆる説話集『宇治拾遺物語』は、収められた二百近い短篇物語の中の大半は、実は平安中期、宇治大納言源隆国の「巧語（巧みな語り口）」によった書き取りだと当時から認識されていたが、その中の一つに「大太郎盗人《ぬすびと》の事」という語りがあって、そのごく短くしたあらすじは次のようである。

京では名の知られた大太郎という盗人が、白昼の市中で「物とり」に入る所を物色していたところ、門なども壊れかけたあばら屋だが、中で、賑やかに高価な反物《たんもの》等を広げ、たくさんの皮籠《かわご》なども積み上げており、女だけしか居ないと見える屋敷が目に留まった。これ幸いとばかりに目をつけて、夜になって仲間を語らい侵入しようとしたところ、なぜかわからぬが恐ろしい気配に気圧《けお》されて入ることができない、翌晩も翌々晩も試みたが、恐ろしさは増すばかりで、汗みずくになって逃げ出した。翌朝、たまたま遇った知人に尋ねると、そこは、「大矢介《おほやのすけ》たけのぶ」という人が最近上京して滞在している屋だと知らされ、されば、うっかり入ったなら皆射殺されるところだったと、這《ほ》う這うの体で退散した。「大太郎が捕られて、武者の城のおそろしきよしを語りける也」と筆者は結んでいる。（ちなみに、筆者源隆国は一時、検非違使庁の長官でもあった。）

つまり、京《みやこ》の中の、かつては公家の誰かが住んでいたと思しきあばら屋でも、東国の「武者」が住めば、「武者のシロ」というわけだった。この言葉は、京の公家語として普通に使われていたのか、武者たちが自分たちの住処をシロと言っているのを承けて言ったものかは不明だが、どことなく、その昔の「しろす（領有）」という語感も響く「シロ」だと受け取れるだろう。時が流れ室町期になると、「山城」の国は、なべて武者のシロとなってもいたのだった。

ちなみに、平安期、東国やその他、地方でのそれなりの構えの建物は、たとえば「守《かみ》の館《たち》」（土佐日記）、「御《み》館《たち》（国司の館）」（宇治拾遺）とあるように、タチ（タテとも。「立て」からか）と言っていたと見られる。「上馬《じやうめ》の多かる御《み》館《たち》かな　武者《むさ》の館《たち》とぞ覚えたる」（梁塵秘抄　四句神歌）という、右のシロの例よりやや後かと思われる京の流行り歌の例もある。東国に多い現存地名の「大館・館林・角館・館山」等は、その名残でもあるだろう。青森の縄文期遺跡、三内丸山古墳で発掘された大きな柱穴の建物《たてもの》は、おそらく「タテ」と呼ばれるものだったかと推察される。それに対してシロは、建物も含めた領地・領分といった意味から発展して、石垣や天守閣等に至ったものだと思われる。

中世の東国などで、タテとシロが、どのように使いわけされていたのかは、はっきりしない。

4 「好字」が消した原景

「対馬《つしま》」は、旧国名中で唯一、魏志倭人伝に書きとられたままが、公の表記とされたものである。しかも今も、旧国名というわけでなく、いわば太古のままの島の名として、その字が使われ続けている。現代の日本地図で見ると、一見二つの大島が対になっている風にも見えるので、何となく「対馬」というその表記も受けとられやすい感じがする。ツシマという当時の現地の呼称を「対馬」と表記したのは、「ツシ・マ」と切って当てたとみられ、和語としてはやや無理な切り方なので、「対《ツシ》」は彼地の感覚で捉えた音表記だろう。古事記は、その表記を「津嶋」としていた。「津島」なら今も、徳島県・愛媛県などの陸に近い小島の名として健在である。愛知県の津島市は、今は、伊勢湾にも近い長良川沿いのやや内陸の地となっているが、その昔は「シマ」だったことを名に伝えているのだろう。また、伊豆諸島の一つ「神津《こうづ》島（神集島・上津島）」もツシマで、同類の名である。

往古の人々が、現代の地図のような鳥瞰的な見方ができるわけもなく、「対」という字を、意味で取るのは誤りである。対馬の、その中心となる地域を船で列島側の外海から眺めると、深く入りこんだ幾筋もの入り江沿いには平地が少なく、そのため幾つもの小山がポコポコと重畳したように見え、あたかも小島が集合している観がある。その景が、「ツ・島」だろう。ツは、「津」で書きとると港の意かと思われるが、「ツドフ（集）」のツで「神集集《かむつどひつど》ひて」（神代記）などと、集合の意を持つ古い音である。ちなみに「津波《つなみ》」とは、集まった巨大な波のことで、津（港）に寄せる波などといった軽い意味ではない。とまれ、ツシマの表記は、古事記の方が実義に適っていたと見られる。

風土記撰進の官命よりも一年余り早く、稗田阿礼《ひえだのあれ》の口碑を四か月ほどで書きとり、和銅五年（七一二）正月に元明天皇に献上したとその序文に記す古事記が、その国名表記の大半を、後の標準表記とは異なる文字で書きとっていることは、先に触れてきたように、大変疑問である。しかも筆録者太安万侶は、国名をはじめさまざまの煩瑣な日常の和語に漢字を当てる業務を、中心的に担っていたと見られる民部省の高官だった。元明天皇直々の命だった口碑採録の任も、おそらく、それゆえでもあったと思われる（詳細は、小著『古事記 声語りの記《しるし》』、平凡社）。ただ、人名等で先行表記がある場合は、それに則ったといったことを序文に述べているので、あるいは、地名の場合も、先行表記があればそれを尊重したのかもしれない。疑問は残るが、ともかく、古事記には、さまざまな場面で、合わせてほぼ九割の国名が出てきて、そのうち大半が次のような、後の標準表記とは別表記で、一字や三字での書き取りもある。

木（紀伊）・粟（阿波）・倭（大倭→大和）・豊・肥　――一字

針間（播磨）・稲羽（因幡）・旦波（丹波）・常道（常陸）、相武（相模）・三野（美濃）・科野（信濃）・高志（越―）・伯伎（伯耆）・阿芸（安芸）・山代（山城）・津嶋（対馬）・道奥・石城（陸奥・磐城）・吉備（備―）・隠伎（隠岐）　――二字

近淡海（近江）・多遅麻（但馬）・上毛野（上野）・下毛野（下野）・牟邪志（武蔵）　――三字

＊なお、一字のうち、「豊・肥」および「越《こし》・備《び》（←吉備）」は、書紀以降は「前・中・後」等に分割されて二字とされている。

書紀等と同じ場合は、次のものがある。

伊豫・讃岐・土左・出雲・筑紫・日向・伊勢・尾張・若狭・遠江・甲斐・河内

さて、初めに挙げた一字表記の「木国《きのくに》」は、「木の国の妹背の山」（万葉集）、「木の国の白らの浜」（催馬楽）などとは歌われるが、「紀伊」という表記は、万葉集の題詞や左注にも使われていない。ところで「木の国」については、景行紀十八年秋七月の記事には、

（天皇）筑紫の後国の御木《みけ》に到りて、高田行宮に居《ま》します。時に（長大な倒木があり、朝臣たちはその木を踏んで出仕していた。時の人の歌に）

朝霜の　御木《みけ》のさ小橋《をばし》　まへつきみ　い渡らすも　御木のさ小橋

（天皇がこれは何の木かと下問されると、ある老夫が言うには、「この樹は歴木《くぬぎ》と言います。倒れる前は、朝日が当たると杵島山を隠し、夕日が当たると阿蘇山を覆っておりました」。）天皇曰く、「この木は神木なり、故、この国を御木国《みけのくに》と号《よ》べ」。

ともある。また、常陸国風土記筑波郡には、「古老曰く、筑波県は、古へ紀国《きのくに》とも謂へり」ともある。神木のそそり立つ「木の国」は、その昔、列島の随所にあったことが窺われるだろう。「上つ毛野・下つ毛野」という「毛野《けの》」も、本来、右のような何らかの謂れもある「木野《け》」だった可能性もあったと思われる。ただし、中央で国名の表記を定めるときには、国々の表記がかぶらないことが原則だったようで、それゆえ「毛野国」といった、あ

りえない表記がなされたのではないかという疑いも兆す。

とまれ、日本の総称は、木への思い入れや、野も山も島も、おしなべて大小の木々の茂る景観からしても、「御木《みけ》の国」でもよかったのではないかと愚考もするが、大陸の国家の壮大な思想やその文書に対抗して背伸びしたかったヤマト朝廷の志向は、そんな古来の土俗的な匂いなどは、むしろ消してしまいたかったからか、「木国」はすべてどこかに押しやり、「木」とはしない「紀伊」一国が残されたということになった。


つぎに、シナノ（信濃）・ミノ（美濃）に関わって。この二国の古事記の表記は「科野・三野」であった。両国の「ノ」がもともと「野」であったことは、疑問の余地がないと思われる。なぜそれを「濃」という、地名にしては抽象的な字を当てたのかは分からない。

「ミノ」については、万葉集の歌に一例「三野之国」の例があり、平安初期の民間の仏教説話集『日本霊異記』にも「三野国《みののくに》大野」といった記事が見える。隣国には「参河《みかは》」があるところからも、むしろそちらと並行した名のように思えるが、公の表記としては、「信濃」の方に合わせたといったところだろうか。ミに対する「美」は漢字音で当てたものので、本来はその意を持たない。「濃」は、「濃い・細やか・情にあつい」といった意の漢字音で、確かに「好字」ではある。「信濃」とは信にあつい人の住む国といった意味を持たせたかったのだろうか。

ところで、信濃国の郡郷名には、「更級《さらしな》・埴科《はにしな》」というシナを持つ地名もある。それらのシナと、信濃のシナとは、普通に考えれば同じ意だろうと思われる。また、現代の地図で見てみると、更級・埴科の周辺には「豊科・明科・仁科・浅科」等の「―科」のつく地名が目につくが、調べてみると、明治期以降（主に昭和後期）に、町村合併で付けられた新しい地名ということで、意外だった。それらの在地の人々が「科」という地名に格別のこだわりがあることが思い遣られ、「シナ野」は、やはり古事記の記す「科野」でよいのかと思われる。

シナと訓まれる（翻訳される）「科・級・品」は、古代語で、地形・地勢に限らない広い意味を持つが、地勢に関わる場合は、坂とか段丘状の所などを言うようである。山国信濃では、どこにでもありそうな地形で、その点では、国名としての、いわば「好い所だなあ」といった自己満足の思い入れが乏しい感じもする。もっとも、「諏方《すは》」地域など別立ての時もあったし、先の「ヤマト」の場合に類推すれば、必ずしも最初から後の信濃国全体を指すような広い地域の名だったとは思えず、「シナ野」という集落の人々が、力を拡大させたというようなことかもしれない。なお、往古、「好い所」とは、まずは食に満ち足りている（安芸―飽き）、神の加護がある（神風の伊勢）、安全である（山ト）といったあたりである。

ところで、古来の伝承歌「神楽歌」の中に、Ⅰの「ハラ」のところにも引いた、「シナノ」を歌うものが一首ある。

木綿《ゆふ》作る　シナノ原に　や　朝たづね　朝たづね　朝たづね（本）
朝たづね　汝《まし》も神ぞ　や　遊べ遊べ　遊べ遊べ　遊べ遊べ（末）

この「シナノ」が、果たして信濃の国のことを言うのかどうかは確かめようがない（当然のように「信濃」と漢字を当ててすましているテキストもある）。「木綿作る」は「シナ（科）」にかかる枕だが、「しな」という木の内皮から神具でもある白い木綿《ゆふ》を作ったことから枕になったものである。「しなだ木綿《ゆふ》　ささ波道《ぢ》を　すくすくと　我がいませばや」（応神記歌謡）という孤例もある。「シナだ木綿」のダとは、「木《く》ダ物（果物）・毛ダ物（鳥獣）」のダと同じく「ノ」相当の古語である。つまり「科の木綿」は、細かい縮れがあって、それがさざ波のようだとして枕にした表現で、さらにそれが凸凹道へと連想が展開するという何とも込み入った発想の歌句である。それはともかく、「ダ」という古語を介するような大昔からの神具の「木綿」を作る木が「しな（科）」だった。「科」は、木綿ばかりでなく、紙の代用にしたり、器を作ったり、花や実は薬になったりと、利用価値の高い木でもあった。その木が群生した野となれば、まさに「好い所だ」と自慢したくなっただろう。その木と傾斜地とが同音・同字なのは、丘陵のシナ野に生えた木だからシナと言ったのか、シナの木が生えた野だからシナ野と言ったのか、どちらが先かは結局不明で、シナ野の語源も結局どちらとも決めかねるのではないだろうか。

「シナ」については、もう一点気にかかる古記録がある。

『新撰字鏡』という和名抄よりやや早い成立の僧の手になる古辞書が伝わっているが、その中に「層」という字の解として、「重居也　重也　累也　級也／重屋高也　志奈又己志也」とあることである。「層」とは　要するに高く重なる屋で、五重塔のようなイメージだというのだろうが、それは、シナまたはコシのことである、と言っている。有名な薬師寺の三重の塔のモコシ（裳階）などが連想されるが、それはシナとも言ったのだろうか。また、コシは、信濃国の北側に国境《くにざかい》を接する大国の国名でもあるが、何らかの関係があるのだろうか。

コシ（高志）については、かつて詳しく検討したことがある（「コシという国名」『ヤマトコトバの考古学』、平凡社、所収）が、結論としては、その意味は、右の「もこし」や神輿《みこし》のコシにも通う、高志の国奥に高くそそり立つ白き神々の山並《やまなみ》を戴きながら広がり伏す丘陵地、神の恵みを受けながら安住できる地といった意味合いのこもる名だと見ることができた。そうだとすれば、いわゆる自然環境は、海に接しないことを除けば信濃も同様で、シナとは、白き神々の山並（北アルプス）を戴きながら広がり伏す丘陵地を言うと見ることもできるだろう。おそらくはそれが、今に続く信濃国そして高志（越）国の原景でもあったと思われる。

5　国名における〈声〉の自立

「近淡海《ちかつあふみ》」（琵琶湖）は「遠淡海《とほつあふみ》」（浜名湖）と対応しての呼称であるが、どこから近いか遠いか、いつ頃からの用語かは、少し問題である。古事記の中で、「近淡海」という語が出るのは、神話期に生まれた神がどこに鎮座しているかの解説で「近淡海国日枝山」という地名であるが、むろんそれは語りの今（奈良時代前期）の感覚で使っているだけで、神話期からその地名があったというわけではない。

類似の呼称に、「近飛鳥《ちかつあすか》・遠飛鳥《とほつあすか》」というのがあり、これは履中天皇記に、天皇の行いを受けて「その地を号《なづ》けて近飛鳥（遠飛鳥）と謂ふ」とあるので、「遠・近」で分けるのは、おそらくそのころの感覚だろう。一代前の仁徳天皇の難波の宮や履中天皇の磐余《いはれ》の宮（ヤマト）あたりからの「遠・近」ということだろうか。

万葉集では、歌でも、題詞や左注でも「近淡海」は使われていない。歌では、「アフミ」として、

淡海の海夕浪千鳥汝《な》が鳴けば　情《こころ》もしのに古《いにし》へ思ほゆ　（二六六　人麻呂）
磯《いそ》の前《さき》漕ぎたみ行けば　近江の海八十《やそ》の湊に鶴《たづ》さはに鳴く　（二七三　高市黒人）

というように、「淡海・近江」いずれの表記も用いられている。題詞・左注では「近江」のみである。他方「遠淡海」の方も、このかたちでは出ず、題詞・左注・歌ともに「遠江」とする。二首のみ出る歌では仮名のものがあり、正確な音が知られる。

トホツアフミいなさ細江のみをつくし　吾《あれ》を頼めてあさましものを　（三四二九）
あられ降り遠江《とほつあふみ》のあど川柳　刈れどもまた生ふと云ふあど川柳　（一二九三）

　これらから見ると、「淡海」を「江」に替えて「近江・遠江」と二字表記するようになったのは、万葉集編纂期よりは早い時期だったと思われる。「江」は、Ⅰの5で見たように、和語の「エ」としては、水辺の湿地帯のような所を指し、「淡海」に直接代替できるとも思えないが、穿った見方をすれば、「国」としては、海よりもむしろ「ニ（土）」こそが重要なので、それゆえの代替表記「江」だったのかもしれない。ただし、宮処から近く、一時は宮処にさえなった「淡海」南部は、昔から「アフミ、アフミ」と言って馴染みが深かったので、「近江」と表記しても、声（呼称）の方は「あふみ」のまま言い続けられていたと思われる。一方「遠江」の方は、京人にとっては、あくまで遠い彼方の「淡海《アフミ》」なので、「とほつあふみ」と言われ続けたのだろう。

そんなわけで、「アフミ」と「トホツアフミ」とは、表記上は「近江」「遠江」と対応しながら、声は別のものとなった。さらに長々しい「トホツアフミ」の声は「トホタフミ→トオトオミ」と言いやすく簡約されて、後にはそれが「遠江」の訓にもなり、さらには「遠州」などと、本来は形容語に過ぎなかったものが主体になった言い方もされるようになったのだった。

地名は、常に人皆が〈声〉で使うものであって、文書上の文字のみの言葉ではないために、声と文字との絡みあいで、時の流れとともに、そのような妙な展開を見せることもあるという一例である。

今一例、東の「上つ毛野・下つ毛野」の場合を見てみよう。これらの国が、「上・下」に分かれず一国の「ケ野」だった時代のことは不明で、「毛」という適切とは見えない当て字がいつ頃なされたかも不明である。なお、常陸国風土記「信太郡」冒頭には、その位置を示す記事に、「西は毛野河」とある。4で触れたように、「ケ野」にもっとも適切な当て字は「木野《けの》」かと思われるが、あるいは「御食《みけ》」の「食野《けの》」も、可能性としてあるのかもしれない。

ところで万葉集巻十四は、「東歌」として東国関係の歌を纏めて収録しているが、その際の題詞の国名表記は、

上総・下総・常陸・信濃・遠江・駿河・伊豆・相模・武蔵・上野・下野・陸奥

と、後世まで続くいわゆる標準表記で統一されている。ただ、東歌は、すべて「可美都気《かみつけ》野《の》」「志母都家努《しもつけの》」等の一音一字の仮名表記なので、その音声は、京人の聞きなしかもしれないが、いちおう明らかである。しかし、カミツケノが「上野」、シモツケノが「下野」という「毛」を省いた表記は、いかに二字表記に統一したとはいえ、もっとも中心的な意味を担う「け」を省くというのは、あまりに杜撰《ずさん》ではないだろうか。

ところが、その後、声では当然「カミツケノの国・シモツケノの国」と言っていたのが、いつしか「野」のノと助詞のノとが合体して「カミツケノ国・シモツケノ国」と言うようになり、さらに、国を付けないで言う場合には、ノを助詞と誤解したのか、「カミツケ・シモツケ」だとされるようになったのである。いわば〈声〉が「け」を生き返らせたとも

言えるだろう。「信濃の国・美濃の国」の場合は、ノの合体は起こっていないから、カミツケノ・シモツケノの場合は、おそらく声で言われる時、ケとノのどちらが重いかが直感的にとらえられて、おのずからケの方が生かされたのではなかっただろうか。

「カミツケ」は、さらにその後「カウヅケ」と声の上で音便化もするが、表記はそれでも「上野」に固定されたままだった。そこで、たとえば忠臣蔵の仇役「吉良上野介」といった人名への転化も見られることになったのである（「コウヅケノスケ」のノはまた助詞が付いたもの）。

文字の世界の理屈に、声の世界の直感が、対抗した例と言えるだろうか。

III　先史を秘めた奇妙な当て字地名

1　色浜・色川　――イロ

福井県敦賀市の海岸に「色浜《いろはま》（色が浜）」という浜がある。また、今は町村合併で消失したそうだが、和歌山県那智勝浦町の北西部に「色川」村という名の地があったと、まだ当地の記憶には残っている。なぜそのような命名があったのかを尋ねることにしたい。

「イロ」とは言わないが、「五色浜《ごしき》・二色《にしき》（錦）浜」などという浜あるいは浦の名が残っている処が方々にある。「五色浜」は、兵庫県洲本市（淡路島）・愛媛県伊予市に同名で残る。（ちなみに、私は、伊予市の隣の松山市出身なので、年少の頃、その名の浜に遊びに行った記憶がある。）また、「五色の浜」としては高知県土佐市に、「五色ヶ浜」として和歌山県白浜町にもある。「二色浜」は、大阪府貝塚市に、「錦浜」は、島根県松江市東出雲町にその名を残している。「浦」では、三重県度会郡に「二色の浦」、静岡県熱海市に「錦ヶ浦」などがある。さらに、「一色の磯《いそ》」という名も愛知県の渥美半島遠州灘側に遺っている。他にも各地に消えかかった類似の名の浜や浦があった可能性がある。

各地それぞれに、なぜそう呼ぶかの故事《こじ》付けもあって、白砂青松の二色だとか、五色の小石があるからだとか、さらに尾鰭がついて、その小石は、平家の落人の入水した五人の女人の変身だとか、いずれにせよ、浜や浦にその名がついていることに、いささかの不審を感じるところからの解釈なのだろう。

最初に挙げた「色《いろ》の浜」については、西行法師の歌集『山家集』下に、

潮《しほ》染むる真蘇芳《ますほ》の小貝拾ふとて　いろの浜とは言ふにやあるらん

という歌もあって、早くに歌枕になっていたほど、京にも知られた地名だったようだが、それも、イロとはつまりは色であることには疑念の余地はなく、蘇芳《すおう》色の貝が拾えるからなのかなどと、少しいぶかしさは残る風に歌っている。

「イロ」とは、色彩のことではなく、実は「魚」のこと、海神の宮「わだつみのイロコの宮」のイロ、あるいは、「イロコ・イロクヅ（魚鱗）」のイロである。浜や浦に「二色」や「五色」の名があるのは、古代のいつの時点でか、そのイロに「色」の字が当てられ、単に「色」だと摑みどころがないので「二色・五色」と後付けされたのだと思われる。要するに原初は、大昔のアマ族の「魚《いろ》」をとる浜や浦としての名だったと見られるものである。なお、最初に挙げた今一つの「色川」とは、魚《イロ》の多い川のことだろう。

　しかし、初期文献に見られる魚を指す声は、「ナ」か「ウヲ」で、イロは、唯一和名抄「塩梅類」の「煎汁」に、「堅魚煎汁カツヲイロリ」が出るくらいである。「イロ」という語は、魚を指すよりも、先史の母系家族内用語としてのイロ、すなわち「イロハ（母）」のもとに、兄弟姉妹のうち同母の先・後関係を言う「イロエ・イロト」、同母の男女関係を言う「イロセ・イロ（イ）モ」という用語として、古事記や万葉集等にかろうじて残っているイロである。つまりは、一つの魚の母体（イロハ）にぎっしりくっついているイロコ（→うろこ）という、海人の命の源である魚に準《なぞら》えた、極めて原始的な発想にもとづく濃密な家族関係を示す用語である。

　古事記や万葉集では、そのうち「イロセ・イロモ」関係にとくに心を寄せて、語られたり歌われたりしている。

　兄と夫との争いに窮し、最後は兄（イロセ）佐保彦に殉じた佐保媛（イロモ）の語り。どんなに親密であっても、男女関係を結んではならないというタブーを破って、島流しになった軽太子と軽大郎女との語り。下っては、用明天皇と推古天皇との関係、そして万葉集の哀切な歌で知られる伊勢斎宮大伯皇女《おほくのひめみこ》と、刑死を覚悟して密かに別れを告げに訪れた大津皇子《おほつのみこ》との関係。イロモ・イロセ関係の情愛の深さが知られる、ほとんど最後の例でもあるその大伯皇女の歌とは、次のようだった。

我が背子を倭《やまと》へ遣ると　小夜《さよ》更けてあかとき露に吾立ち濡れし　（一〇五）
二人行けど行き過ぎ難き秋山を　いかにか君が独り越ゆらむ　（一〇六）

神風の伊勢の国にもあらましを　なにしか（倭に）来けむ君もあらなくに　（一六三）
うつそみの人なる吾れや　明日《あす》よりは（墓所の）二上山《ふたかみやま》をイロセと吾が見む　（一六五）

多くの万葉集の歌では、すでに、イロを省いた「イモ・セ」が、男女関係における相互の呼称として一般化していたようにも見える（なぜか、平安和歌の用語には受け継がれなかったが）。その後「妹背《いもせ》」といえば夫婦をいう、やや特異な別語とみなされるようにもなってゆくが、もとはと言えば、遠い昔の海人族出自の言葉だったのである。なお、兄弟・姉妹の先後関係をいう「イロエ・イロト」は、その後、干支の「エ・ト」に当てられ、これも出自は忘れられたようだが、細々と使われ続けることとなった。

ところで、唐突に話題が変わるようだが、多様性を言う畳語の状態副詞に「くさぐさ・とりどり・いろいろ・さまざま」というのがある。各語微妙な語感の異なりはあるが、なぜそんなにいろいろと言い分けがあるのかは、少々疑問であろう。

なかで、「くさぐさ」は、漢字を当てると一般には「種々」とされるが、クサという音の指す本来の意味に即すなら「草々」だと見られる。その本義を探るなら、野には実に多種多様な草が、春草・夏草・秋草と季節変わりに生えて来たりもしていて、それが「草々」という語の着想のもとだろうとは、容易に推察できる。クサグサとは、「あの草、この草、種々様々」というわけである。

「とりどり」はどうだろうか。辞書は、「取り取り」などと字を当てて、何となくしっくりしないままに、意味は「あれこれ、それぞれ、いろいろ、さまざま」などだとしている。しかし、「トリ」は、それらの語と対応するとしてみても名詞で、動詞「取り」だとするのは、いささかずれた取り方だろう。私見では、この語の初発は「鳥々」だと思われる。鳥は、羽と嘴とを特徴とする生き物で、神とも崇められた大鳥から、身近な小鳥の雀等まで、多様な姿と生態で中空を自由に飛んでいるが、とりわけ見た目の羽の模様や色あいなど、同種の鳥でさえ鳥ごとに微妙な差異もあって、実に「とりどり」である、というわけである。

さてこのように見てくると、次の「いろいろ」が、「色々」の前段階で「魚々《いろいろ》」だったと、思えるのではないだろうか。魚は、赤魚・青魚・白魚・黒魚と、原始の原色が揃っている以上に、一つの魚でも黄や緑、橙・藍といった多様な鱗の色を持っているものさえある。まさに、魚とは、目にするあらゆる生き物の中でも、最も「色々」な色を持った存在である。そのことを、一番よく知っていたのは、言うまでもなく海に潜るアマ族である。「魚々《いろいろ》」とは、「あのイロ、このイロ」であり、つまりは「色々」ということである。

「色」とは、自然界では、その色を持つ物体と一体的に認識され、古来、色の名まえのほとんどは、その色を持つ物の名から出ているように、人は、初めから抽象的な色が意識できているわけではなかった。幼少期から、色鉛筆やクレヨンで抽象的な色を認識し、扱っている現代人とは、太古の人々の「色」のとらえ方は、少し異なっていたと思われる。万葉集には、抽象的な「色」の認識とその発見を歌う、次のような表現も遺されている。

雪の色を奪ひて咲ける梅の花　今盛りなり見む人もがも　（八五〇）
水鳥の鴨の羽色の春山の　おぼつかなくも思ほゆるかも　（一四五一）
……秋の花　しが色々に　見《め》し賜ひ　明きらめたまひ　……　（四二五四）
秋の花種《くさぐさ》にあれど　色ごとに見し明らむる今日の貴さ　（四二五五）

君がため手力《たぢから》疲れ織りたる衣服《きぬ》ぞ　春さらば何《いか》なる色に摺《す》りてばよけむ　（一二八一）

しかし、一旦そのように認識されて物から独立した「色」は、たちどころに奈良時代、たとえば官人の階級を色分けした衣服（唐衣）を着せて示す等の、大唐を真似た使い方にも展開していた。むろん、その頃には、色が「魚《いろ》」と一体だった遠い昔のことなど、忘れ去られていたのである。各地で、イロ浜やイロの浦が、二色《にしき》の浦・五色《ごしき》の浜になったのも、程なくだったかもしれない。

ただし、イロという音を残しながらも、その本義不明のままに当て字をした地名も、若干伝わっている。静岡県南伊豆の「石廊崎《いろうざき》」、愛知県渥美半島突端の「伊良湖岬《いらごみさき》」、そして大分県佐伯市の「色利浦《いろりうら》」などである。漢字で見ると分かりにくいが、「イロー崎・イラゴ岬・イロリ浦」と書けば、明らかにその本義は、その昔、海人の命名による「イロ（魚）」の岬や浦だったことが見えてくるではないか。

魚のことは、古来「イロ・ナ・ウヲ・サカナ」と、通称を変えながら、地名にもその残影を落とし続けてきた。すでに奈良時代、漁場の意の地名「ナ・ニハ」を「ナニ・ハ」として「難波」（大阪）と字を当て、イロに続けて、ナも、魚のことだったとは忘れ気味のようだった。おそらく狭義のヤマトコトバだったウヲ（↓ウオ）流通の時代は長く、江戸時代あたりは、「ウオ河岸《がし》・ウオ市場・ウオ心あれば水心」などと、ウオ主流の時代だったようである。「魚津《うおづ》」（富山）という漁港の地名は、それなりに古そうではあるが、いつ頃の命名なのかは分からない。「さかな」は、「サカ（酒）ナ（魚）→肴」としての用法は、ナが魚のことだった古代からあるが、ウオに代わって、もっぱら一語の魚のことのみに使われるようになったのは、近代だろう。したがって、「さかな」を含む地名はないし、「うお市場《いちば》」を「さかな市場」と言い換えたりもしていない。

2 象山・象潟 ――キサ

倭《やまと》には鳴きてか来らむ呼子鳥《よぶこどり》　象の中山呼びそ越ゆなる　（万 七〇）
み吉野の象山の間の木末《こぬれ》には　ここだも騒く鳥の声かも　（九二四）
昔見し象の小河を今見れば　いよよ清《さや》けくなりにけるかも　（三一六）

これらの歌に出る「象」は、「象《きさ》の中山・象《きさ》山・象《きさ》の小河」と訓《よ》まれ、「キサ」という声の表記として定着している。万葉集には対応する仮名書き例はないのに、なぜそう訓めるのか、そもそも「象《ぞう》」などという動物のことなど、ほとんど知らないはずの古代に、それも、「国巣《くず》」人といった朝廷に融和的な先住民の住む、山深い吉野地域の地名表記にその字を当てるとは、どういうことなのだろうか。

和名抄に、「キサ」という和名が付される物は三例ある（以下、おおよその直訳で挙げる）。

まずは「毛群類」の「象」。これは、「獣名で、水牛に似て大耳、長鼻、眼細、牙長の者也」と外見の解説は、的確であるが、そもそも、なぜ和名があったのか、不思議である。

次に、「亀貝類」の「蚶」。「その状《さま》は、蛤《はまぐり》の如くで、円《まる》くて厚く、外に理（筋目）が縦横に有る。」（なお、他の漢和辞典では、赤貝の一種とする。）

そして、木類の「橒」。本文は「唐韻云、橒木文也」とし、割注では、「漢語抄が云うには、木佐《きさ》は、或る説では、蚶の和名なり。此の木文と蚶貝の文とが相似る故、名を取ったか。今案ずるに、和名を取るには、義が相近いからか、此れを以て字を木名と為すのか、未詳。」とやや屈曲した解だが、要するに、貝文のキサが先か、木文のキサが先か、不詳、といったところだろう。

さて、これだけでは、「象山」を「キサやま」の表記に当てたのはなぜかということは、すぐには分からない。ただ、「キサ」が、蚶貝や木に見られる独特の筋目文様（年輪）のことに関わった名らしいということは分かる。そして、「象」が、それに関係して「キサ」と呼ばれたのだとすると、象の何に筋目模様があるかということになるだろう。とすれば、類似の筋目模様があるのは、象牙の断面である。「キサ山」等に「象山」と字が当てられたのは奈良時代だろうが、当時、象本体は、絵と文字でしか伝えられていなかったが、象牙は、正倉院の細工物等もあり、正倉院文書にも「象牙」として折に見えて、多分、破片でなく本体も舶載品となっていたかと思われる。ところで、木目の中でも、ケヤキの大木の年輪目は、後世も飾り物に仕立てたりするほど、立派で美しいが、象牙の断面もまた（写真で見る限り）、実によく似た木の年輪風の縞模様を持っている。それゆえに、木目の名に準じて「キサ」とされたのだろう。

そして、東北は秋田の「象潟」。残念ながら、それがどのような砂文を持った潟だったのか、名を残したのみで早くに消失したと言われているので、よく分からない。松尾芭蕉が『奥の細道』に、景勝地として訪ねたことを記しているが、すでに「潟」のことは噂すらもなかったようである。ただ現在、管見では、九州の島原湾に突き出た熊本の宇土半島北面中央部に、「有明海砂干潟」と呼ばれる景勝地があり、ネット等の映像で、その深く複雑な凹凸を持った美しい砂文の広がりを見ると、もしかしたら象潟も、そのような砂干潟が、高台から遠目に見るとケヤキの断面のような形で広がっていたのではないかと想像している。古代の、中央での「象」の情報がいつどのように東北の地名になる程に伝わったかは、おそらく「玉桙《たまぼこ》の道行人《みちゆきびと》（行路修行者）」などの力があったのだろう。

以上が「象山・象潟」が、古代、日本に象などいなかったのに、なぜキサという音とともに、「象」という表記がなされたかの解である。しかし、それは、奈良時代の知識層が、いかに漢語・漢字をヤマトコトバに対応させることに腐心していたかの一端ではあっても、標題の「先史を秘めた」という話ではない。そのことには、山の「キサ」という音と意味について、なお、一歩踏み入る必要があるだろう。

ヤマト政権の人々が、自らの祖先を山人だとしていたことは、先にIの3などでも少し触れてきた。平安宮廷の「神楽歌」次第で、まず歌われる歌群は「採物《とりもの》」と言われているが、「採物」とは、神祭りをするとき手に採る物、神の依代《よりしろ》のことで、「榊《さかき》・幣《みてぐら》・杖・篠《ささ》・弓・桙《ほこ》・杓《ひさご》」等、順次称え歌われるものは、みな山の「木」からの賜物でもある。彼らの木への観察の細やかさ、思い入れの深さは、格別でもあるが、とりわけ、

……其《し》が下に　生い立てる　葉広《はびろ》　斎《ゆ》つ真椿《まつばき》　其が花の　照り居まし　其が葉の
広り居ますは　大君ろかも（仁徳記 歌謡）
……川隈《かはくま》に　立ち栄ゆる　百《もも》足らず　八十葉《やそば》の木は　大君ろかも（仁徳紀 歌謡）

などと、美しく花が咲き、葉がつやつやと広がり栄えている木は、大君そのものだというように、大王への最高の讃辞は、大木の栄えに準えることでもあった。

「スメロキ（皇）」とは、「統《す》めろ木《き》」で、その木とは、「上《ほ》つ枝《え》は　天を覆《おほ》へり　中つ枝は　東《あづま》を覆へり　下《し》づ枝は　鄙《ひな》を覆へり」（雄略記）というように、十方に力や恵みを及ぼしている神の大木である。ところで、希少例ではあるが、

皇神祖《すめろき》の　神の御言《みこと》の　敷き座《いま》す　国のことごと　……　御湯《みゆ》の上の　樹《こ》むらを　見れば　臣《おみ》の木も　生ひ継ぎにけり　……（万　三二二）

という歌を見ると、「すめろ木」があるなら、生い継ぐ「臣の木」もあるのだとしていたことが窺える。そうであるならば、当然「キサ木（后）」もあることが自然ではないだろうか。

さて、ここからは、想像の域を出ないが、王の木は、巨木であって、代々継承されて栄え続ける神木だが、新たな王が位につき、后を迎えると、若木の中から「キサ木《き》」が定められて大切に育てられ、王が没すると、「キサ木」が切られて、そのキサ（年輪）を数えて在位年数を知るといった儀礼が、遠い昔の山人集団にあったのではないかということである。「きさ山」とは、その山の木から「キサ木」を選定する神聖な山の名ではなかっただろうか。

后妃をなぜ「キサキ」と言うかといった、いわゆる語源の解明ともなるだろうか。

3　犀川　──サヰ

象のつぎは犀である。犀川という川は、詩人室生犀星の「ふるさと」の川だということは、若い時分から知っていた。けれども犀川は彼の郷里金沢（石川）ばかりでなく、同名同字の川が各地（秋田・福井・長野・岐阜・京都等）にあることを知ったのは最近である。犀という珍獣はもちろん日本にはいないし、日本人がそのややグロテスクな実体を知ったのも最近ではないだろうか。万葉集にもこの字は出ないし、その名が象《ぞう》ほどに知られていたとも思えない。

ただ、関根真隆『正倉院文書事項索引』（吉川弘文館）を見ると、「犀角・斑犀角・白犀角」等の語が少なからず文書中に出るとある。（ちなみに「象牙」も十余の例がある。）やはり、奈良時代の朝廷で知られていたのは、犀本体でなくその角《つの》だった。角の用途は、薬が主だったが、杯なども作られたようである。

『本草和名《ほんぞうわみょう》』という平安初期の医薬書には、「犀角、通天犀、一名水犀角……鼻上角、一名奴角、一名食角……」などと、よく分からない多くの類別名が挙げられている。和名抄では、このうち「奴角」を項目に挙げ、「本草云、奴角一名食角」とし、和名は「犀ノハナヅノ」で「犀鼻上角之名也」とある。このあたりが「犀」についての当時の情報のすべてといったところだろうか。「サイ」は漢字音であるし、それがそのまま地名と関わるなどとは、この時点では思えない。

しかし、古来、「サイ（←サキ）川」と呼ばれてきた川は、各地にあったのである。そして、その名は、川としては比較的普通の呼び名でもあったため、各地にその音を伝える川が現存もする。「犀川」という字ではなく、「才川（宮城・新潟・茨城・山口）・斎川（宮城）・際川（滋賀）」などの文字で書きとられたものもある。石川県の「犀川」も、「才川」と書きとられていた時期もあった由である。ただ、どの字も「犀」と同じく漢字一字による音表記で、たとえば、後にも触れる「大井川」のような、もとの名づけの意味が分かるような当て字ではない。おそらく、「サイ」という川の名の意味は、早々に曖昧になっていたのだろう。

ところで、古事記の神武記には、皇統語りの上で大変重要な意味を持つ「サキ（狭井）河」のことが語られている。

ヤマトに入ったイハレビコノ命《みこと》（神武）は、その地で、后にすべき美人を求め、神の御子《みこ》と言われるイスケヨリヒメに出会い、その家で、一宿《ひとよ》を共にする。その際、「其のイスケヨリヒメの命の家、狭井河の上に在り。」とあり、後にイスケヨリヒメが参内した時の天皇の御歌は、「葦原の　湿《し》けしき小屋《をや》に　菅畳《すがたたみ》　いやさや　敷きて　吾が二人寝し」というのだった。

さて、右では極端に端折って記した、この伝承語りの象徴的な意味（前掲小著『古事記 声語りの記』参照）は、ここでは省略して、問題は、語りの場となった葦原の神の御子の家のある「狭井河」の、サヰという音と「狭井」という表記から推測できる意味である。「井」とは、そのままで清水のわき出る泉のこと（井《ゐ》と泉《いづみ》とは同義）、サは、「さ苗・さ処女《をとめ》・さ寝《ぬ》・さ夜床」等、「新・初・若」といった意味合いを持って、古代語では頻繁に使われ好まれた接頭語であった（なお、初期文献時代すでにその意味は曖昧になっていた）。つまり、早くに涸《か》れたらしいこのヤマトの「狭井河」の水源は、イスケヨリヒメの父とされる大物主神の在所である三輪山《みわやま》だったようだが、山から湧き出る清水を水源とする川というのは、この列島上にはいわばどこにでもあって、涸れずに大河（一級河川）に成長した川も、各地に残ったということだろう。

なお、サヰとサイとの違いであるが、平安期の京においては、たとえば中頃までに成立したと見られる「いろは歌」に「うゐ（有為）の奥山今日越えて」とあるように、イとヰとは、別音と認識されていたが、鎌倉期以降、東国武者語との混交も進む中で、次第に区別がなくなったと見られている。

ところで、「犀」に関わっては、王朝貴族文化の究極の精髄ともいえる新古今和歌集の物々しい漢文の「真名序」に、撰者たちはよく吟詠もして名歌を選んだということの譬えに、「犀象之牙角を抜く」などという表現が出る。貴族たちが、「象の牙《きば》・犀の角《つの》」をいかに珍重していたかの一端も窺われるものだが、同じく鎌倉時代中期に成立したと見られる、博士家の公家の手になる『壒嚢』という類書（百科事典）仕立ての語源随筆に、「犀角ノ水ヲトホクサルト云フハ、実事カ。」という項目がある。

ナベテノ角ニサルコトナシ。通天ノ犀角ト云フニ、サル徳ハアルニヤ。……コレハ水ヲサルコト、三尺ト云ヘリ。……

ヨキ犀角ハ、水ヲサルノミニハアラズ、水底ヲテラス。唐ノ太平州ト云フ国ニ、牛渚《ぎうしょ》ノトマリト云フ所アリ。水フカクシテハカリガタシ。……犀角ヲソノ水ニイレタルニ、水ノソコクモリナク見ユレバ、モロモロノ異類ノ水族ノカクレタル、ミナアラハニ見エケルニ……

（第四　獣・虫）

難解な漢籍の引用等も交えたこの四倍ほどの本文から、必要な文言だけを抜粋した。要するに、「よき犀角は、水を三尺も遠ざけるだけでなく、どんな深い水でも、それを入れると、底までくもりなく見えるようになる力があるものだ」ということである。

『塵袋』は、その後、さまざまな曲折を経て伝えられ、室町末に『塵添壒嚢抄《じんてんあいのうしょう》』という百科事典風の書物に繰り込まれ（「塵添」とは、塵袋を添えた意）、版本として印刷されて一般に広まり、江戸時代の文人に大いに活用された。

一般に、地名は、文字を知らない人々の間でも、口から口へと使われて生き続けるものである。各地のサイ（ヰ）川も、大昔から、そのような無文字の川だったものが、おそらく江戸期に、右のような知識を得た人によって、清《す》んだ水の守り神のようなイメージで「犀」が見出されて、この字こそ清らかな水源をもつ「サイ川」にピッタリだとして、当てたというのではないか、という推測をしている。はたして最初に当てたのが、どこの「サイ川」で、どのような人物によってなされたのかは、残念ながら不明である。しかし、なるほどどうまい当て字だと思う人が多かったのか、たちどころに各地に伝播したというのも興あることではないだろうか。地名とは、その声とともに、文字もまたそういった伝染力をもつものだということなのかもしれない。

なお、本来の「さゐ川」のサは、「小百合《さ》・小夜《さ》」など「小」の意を持つとされることもあるが、それに対しては、江戸期、橋のない大川として知られていた駿河と遠江との境をなす「大井川《おほゐ》」が思い合わされる。また、ただの「井川」という川も、大井川上流や福井県敦賀にある由で、それぞれに漢字が当てられ通用すると、犀川と大井川や井川とが、いずれも源が「井」だという近い関係の名だったとは思われない。漢字の当て字は、日本語にとって、古来、さまざまに罪な展開を招いたところがある一例でもある。

4 尼（が）辻・尼（が）崎 ——アマ

「尼が辻」という地名がある。奈良ではよく知られた薬師寺・唐招提寺のある西の京から、側を走る近鉄電車の一つ北にある駅の名である。急行電車などは停まらない小駅なので、観光等で訪れる県外の人からの認知度は低いかと思われる。ただ、「尼ヶ辻」という地名は和歌山県岩出市にもあるそうだから、一か所限りの特殊な地名というわけでもないようである。

古代文献には、この地名は出てこない。「辻」（十字路）というだけの語も、初期文献には出ないが、平安初期の『宇津保物語』には、「三条京極のつじ」などと普通に出てくるので、それ以前からあった言葉だと思われる。

万葉集には、「ちまた（道股）」という語があり、「つばき市《ち》の八十《やそ》の衢《ちまた》」などと、何度か歌われているが、このチマタとツジはほぼ同義である。「辻」は、いわゆる国字（和字）で、国字が出来る程だから、それなりに対応漢語のない独特な場で、字の必要性も高いものだったということだろう。後世、そのことは特に意識されることもないが、万葉集の頃

には、チマタに対し、劣勢の言葉だったということだろうか。チマタは、

言霊《ことだま》の八十《やそ》の衢《ちまた》に夕占《ゆふけ》問ふ　占正《うらまさ》にのる妹《いも》は相依《あひよ》らむ　（万　二五〇六）

というように、行き来の人の絶えない「八十の衢」の夕闇時は、「夕ケ」という占《うら》を問う場とされていた。夕占は、辞書や注釈書類などでは、「夕方、往来の人の声で吉凶を占う」などとされているが、右の歌でも、恋の正否を「妹は相依らむ」と告げてくる人があったわけで、さらに、別の場合では、

……道に出立ち　夕卜《ゆふけ》を　吾が問ひしかば　夕卜の　吾れに告《の》らく「吾妹子《わぎもこ》や
汝が待つ君は　（君のための一仕事を終えて）久《ひさ》ならば　今七日だみ　早からば　今二
日だみ　あらむとそ　君は聞こしし　な恋ひそ吾妹《わぎも》」（万　三三一八）

などと、懇《ねんご》ろに語りかけがなされている。それがどんな人物によったものかは、時代はやや下るが、平安中期の『大鏡』巻四、兼家伝に、藤原兼家の正妻時姫について、

いまだ若うおはしける折、二条の大路に出でて夕け問ひ給ひければ、白髪いみじう白き女の、ただ一人ゆくが、立ち止まりて、「なにわざし給ふひとぞ、もしゆふけ問ひ給ふか。何事なりとも思《おぼ》さんことかなひて、この大路よりも広く長く栄えさせ給べきぞ」とうち申しかけてぞ、まかりにける。人にはあらで、さるべきものの示したてまつりけるにこそ侍りけめ。

などとあって、具体的な姿が語られている。

ところで、辻にも、「辻占《つじうら》」という熟語があるが、チマタの夕占と辻占も、また同義的ということではないだろうか。「尼が辻」とは、そうした占をするアマが、わが居所としている辻ということだろう。後世、昭和の頃までは、夕暮れの街角には、ぼんやりと灯を点した台を出して行き交う人を待つ易者の居る景があったことなどが思い出される。

さて、「アマ（尼）」という語は、普通は、「僧」（男）に対する出家した女を言う言葉である。しかし、「僧」とは、もっぱら仏教の僧に限られているのに対して、「尼」の方は、近代には「カトリックの尼さん」などとも使われ、仏教の枠から出ても使われている。「僧」はむろん漢字音で、それに直接対応するアマの言い方は、「僧尼《そうに》令《れい》」などとあるように、「尼《に》」である。

我が国への仏教伝来は、いわゆる飛鳥時代であった。その時以来、多くの仏教関連用語は、呉音系の漢字音で使われ、「仏像・僧侶・堂塔」等々、今に続いている用語も多い。ところが、「ホトケ（仏）・テラ（寺）・アマ（尼）」という三語に限っては、伝来当初より「仏《ぶつ》・寺《じ》・尼《に》」と並行して存在していて、むしろそちらの方が身近にある和語的な感じで、用いられ続けているということがある。

このことについては、朝鮮古語あるいは梵語あるいはパーリ語由来かなどといった説も出され、辞書等に載せられる場合もあるが、そもそも、これは梵語、これはパーリ語などとまちまちに宛てられているのも如何なものだろうか。また、たとえば現代語で「仏さま・お寺・尼さん」といった言葉は、「神さま・お宮・巫女《みこ》さん」といった言葉同等の、子供にも教えるやさしい言葉という感触もあり、どちらも、大昔からの土着（古層）の言葉の感じである。私見では、これは、仏教受容当初の、次のような事情から発した用語だったのではないかと推察している。

仏教伝来のはじめ、異国のカミが、どのように受容されることになったかを詳しく伝える貴重な文書に、Ⅰの４ハラ（原）のところで用例を引いた、『元興寺伽藍縁起』（岩波『日本思想大系　寺社縁起』所収）という書がある。日本書紀の公の記事とは少々異なって、「大々王」と記される皇女時代の推古に近侍した視点で語られ、あたかも、具体的な伝承記事のない古事記の、用明・崇峻・推古の時代の伝承を補うと言ってもよいような興味深い内容が伝えられている。それによれば、この国の仏教受容の始まりは、大々王（オホキオホキミと訓むものか）と、そのイロセ池辺皇子（用明）によって、度重なる迫害の中を守り通されたと記されている。

また、「シマ女・トヨ女・イシ女」という三人の若い女《むすめ》が、出家を申し出、その後の、度々の法難にもくじけず仏法を興したのだと記される。用明天皇の時代になって、三人の尼等《あまたち》は、百済に渡り正式に受戒したいと申し出た。時に、百済から来た客に官人がそのことを相談すると、その客は、

> この国は、但《ただ》尼寺ありて法師寺及び僧なし。尼等もし法のごとくせむとすれば、法師寺を設け、百済国の僧尼を請《ま》せ、戒を受けしむべし。
>
> （思想大系の訓読による）

などと、進言した。

日本書紀は、欽明紀十三年の記事で、新しく渡ってきた仏像等を、どこで祭ってみようかという欽明と蘇我稲目との談合の結論は、「向原《むくはら》の家を浄め捨《はら》ひて寺とす。」と記すばかりで終わっている。しかし、この周知とされて説明のない「向原の家」とは、皇女時代の

推古の居処で、元興寺縁起では、「汝《いまし》が牟久原《むくはら》の後宮は、我れ、他国《あだしくに》の神の宮とせむと欲《す》るなり。」と言われ、大々王が祭ることになったとされている。オホキミとは、一族あるいは家の神を祭るという役目が定まっていて、そのことは、平安期の「オホイギミ」（長女）にも受け継がれていた。「隣のオホイ子が祭る神は……」（梁塵秘抄 神歌）などと、庶民でもそうであったことを窺うことができる。それは、公の神祭りとは必ずしも同じではない、炊屋《かしぎや》の水や火の神を祭る、おそらくは、神話時代の「わたつみの神」祭りをも承けた女たちの私《ひそ》かな神事であって、だからこそ、他国の神なら、まずはそこで祭らせてみようと思いついたのだろう。

　とまれ、この国の仏法受容の始まりは、明らかに海人系の名と見られる「島女《しまめ》・豊女《とよめ》・石女《いしめ》」という三人の若い尼たちの奮闘による、尼寺《あまでら》に始まったのだった。

　葛城《かづらき》の　寺の前なるや　豊浦《とよら》の寺の　西なるや　榎《え》の葉井に　白玉沈《しづ》くや　真白玉沈
　くや　おしとど　とおしとど
　しかしてば　国ぞ栄えむや　我家《わいへ》らぞ　富せむや　おおしとど　としとんど　おおし
　とんど　としとんど

という、その飛鳥時代から平安後期にわたって、四、五百年も愛唱され続けた、族長の家の婚姻成立を言祝《ことほ》ぐ催馬楽《さいばら》の、葛城の寺も豊浦の寺も尼寺であった。

アマは、琉球語にある「アマミキョ・アマミヤ・アマミコ」（神女）とも同源と思われるが、文献上は、ヤマト王権側から、海人一般の呼称として用いられているので、その意が先かと思ってしまう。しかし、後世、素潜り漁をする女性に限定した呼称になっているということは、本来は、海人の中の女性祭司者を言う名から発したものだったのかもしれない。

ところで、平安宮廷に伝えられていた古謡である神楽歌には、何らかの海の神事に関わったものと思われる歌がいくつかあるが、そのうち、

伊勢志摩の　アマのトネらが　焼《た》く火《ほ》のケ　オケオケ（本）
焼く火のケ　磯らが崎に　香りあふ　オケオケ（末）

という歌が注目される。「トネ」とは、本来仮名として当てた「刀禰」が早くから正字のように扱われて意味を広げて用いられてもいるが、「長《おさ》」とか「頭《かしら》」とかに通う意の語である。「大あま」といった言い方もあるが、その方が語感的に近いかもしれない。その

「あまのとね」が「焼《た》く火《ほ》」というのは、たぶん海から流れ着く流木などが主で、木によって微妙に違った芳香や異香がするその「ケ」を感じとり、神意を伺うといったことをしていたのではないだろうか。焼くところは、「火処《ほと》」でもあって、いわばその神聖な「火処ケ」を伺う神事だったのだろう。なお、「ホト」とは、「ホトタタラ媛」（神武后）・「ヲホドの命」（継体）の名を成す、いわば土着的な神語でもあった。

堀田吉雄『海の神信仰の研究』（光書房）によれば、右のようなアマたちが祭事を行なう海の聖処を「テラ」と言ったそうである。万葉集には、

橘の寺の長屋に吾が率《い》寝《ね》し　うなゐ放《はな》りは髪上げつらむか　（三八二二）
橘の光《てれ》る長屋に吾が率寝し　うなゐ放りに髪あげつらむか　（三八二三）

という二首の歌が並べて載せられているが、前後の歌の違いは、助詞以外では「寺」と「光《てれ》る」のみであり、あたかも「寺」とは、「光《てら》」でもあると言いたげである。天照大神にも通う、海辺の明《あか》く照り（光り）はえる祭場が「テラ」だったというのではなかっただろうか。方言辞典によると、奄美大島では神社のことをテラと言うともある。

「ホトケ」とは、「アマ」が感じとる「火処《ほと》」のケで、その神事をとり行う場が「テラ」

であった。「ほとけ・あま・てら」は、そのように、おそらく「向原」あたりでの用語だった、海の神事を遥かに曳く神語が一体的に転用されたものだったと見られる。

ところで、先に挙げた「伊勢志摩のあまのとねら」の歌に出る意味ありげな地名「磯らが崎」は、神楽歌では、次のような別の歌に出てくる地名でもある。

磯らが崎に　鯛釣るあまの　鯛釣るあまの　（本）
我妹子《わぎもこ》がためと　鯛釣るあまの　鯛釣るあまの　（末）

「鯛釣るあまの」の「の」は格助詞でなく「のう」といった呼びかけの終助詞だと見られるが、おそらくこれは、「磯らが崎」で鯛を釣っているのは、さては新妻を迎えるのだね、といった歌意で、「磯らが崎」は、その時だけに許される特別の釣り場というのではないだろうか。両歌を見合せると、「磯らが崎」が、何ほどか特別の「神の崎」だったことが窺われるだろう。「磯ら」とは、そこでの神事をとり仕切るアマの名のようにも見えるが、「神崎《かんざき》」というのは、各所に残る地名でもある。

「神崎」という地名の代表ともいえるのが、兵庫県「尼崎《あまがさき》」市にある「神崎」だろう。

現在は、尼崎は大きな市名、神崎は地域名だったり川の名だったりするが、その名が発祥した遥かな昔は、これまで見てきたところからすると、アマの仕切る崎、そこは神の崎だとして、同義的に言い換えられていたのかもしれない。なお、京都市伏見区の尼崎町、岐阜市の尼ヶ崎町といった内陸部と見られるところにも「尼崎」の名が残るが、どのようなわけでその名があるのかは、残念ながら不明である。

　さて、仏法は、その後、とかくの困難な時期を経て、全面的な受容の時代に入り、造寺・造塔・造仏が進められ、尼寺・僧寺が相対して建立されたり、僧尼共住の場合などもあったようである。奈良時代、聖武天皇の時代には、諸国に国分僧寺・国分尼寺の建立も進められたが、それらは、比較的早くに廃絶の道をたどった。

　ちなみに、現在各地に「尼寺」という地名が残っている。そのうち「アマデラ」という音が残っているのは、和歌山県貴志川町の「尼寺」くらいで、他は、「ニジ」（徳島県石井町）・「ニンジ」（奈良県香芝市・兵庫県三田市）・「ニイジ」（佐賀市大和町）という、現代では一見妙な音である。ほとんどが郊外の地名のようだが、それらが、かつて早々に廃絶した国分尼寺《にじ》の在所と関係があるのかどうか、手がかりになるような遺跡・遺物は特に得られていない場合が多いようである。

ただ、奈良県香芝市の場合は、かなり広範に発掘調査が行われて、七世紀後半かと見られている法隆寺様式の伽藍跡が南北にわかれて広域に確認され、「尼寺《にんじ》廃寺跡史跡公園」として整備されている。仏教受容当初の盛んな「尼・寺」の面影が彷彿される。

5　安食　――アジキ

「安食《あじき》」というのは、町名レベルの地名なので、馴染みがない人も多いかもしれない。和名抄には、二か所、尾張国春部郡と近江国犬上郡とに郷名としてその名が挙げられていて、それなりに古い地名である。

現存の地名としては、右の近江の犬上郡の地名が、「安食《あんじき》」と言われて、「南・西・中」と分かれて三か所に残っている。尾張国の地名は、その後消えたようだが、千葉県のかすみが浦市・つくば市、そして岐阜市などに、今も地名として健在のようである。「安食」は、一つの場所のみにある特殊な地名ではなく、一定広域にわたって残った地名である。一体どのような意味でその名がついているのだろうか。

「安」という字は、ひらがなの「あ」のもとの漢字で「安房《あは》国・安倍川《あべかわ》」等とも用いられる、「ア」という音を表すよく使われる字である。「食」を「ジキ」に当てるのは、呉音読みだが、「乞食《こつじき》・餌食《あじき》・食物《じきもつ》」などと、古代では、仏教関連用語として、一定耳馴れた音であった。いずれにしても、「アジキ」と呼んでいた土地に対して、その音にいわば

「好字」としての音を使って当てたもので、当てるとき、「食に安んずる」などといった意味を意識したのかどうかは、語源的には関係がない。

この地名については、かつて詳しく述べたことがある（『古層日本語の融合構造』第二章、平凡社）が、そこで紹介した吉田東伍『増補大日本地名辞書』（冨山房）に、右の和名抄「尾張国春部郡（安食）」を中心に詳細な記述があり、「葦敷（尾張）・葦城（筑前）・安食（尾張・近江・下総・常陸）・安飾（常陸）」といった用字の地名は、いずれも音は「アジキ」で、その名のつく地域は、「水郷」だったと見られている。文字表記される場合、「葦敷」「安飾」だったものが「安食」と変わった場合もあるそうである。つまり、ここからは、最初の意味に対応した表記は、「葦敷」あたりだったことが知られる。

ところで、「葦原の中国《なかつくに》」というのは、いわゆる天孫族が、この島（国）に降り立った時の、この国の、ヤマト以前の古名である。古事記冒頭の、「始祖神」生成の語りで、早々に身を隠した独神《ひとりがみ》に続き、

次に、国稚《わか》く浮ける脂《あぶら》の如くして、クラゲナスタダヨヘル時に、葦牙《あしかび》の如く萌え騰《あが》る物に因《よ》りて成る神の名は、ウマシアシカビヒコヂの神。……次に成る神の名は、ウヒ

ヂニの神。次に、妹スヒヂニの神。次に、角杙《つのくひ》の神。次に妹活杙《いくくひ》の神。

とある部分の「うまし葦牙《あしかび》ひこぢの神」とは、葦の芽のように目覚ましい生長を見せる葦牙青年神であり、明らかに、「葦原中国」の始祖神だと思われる。また、「ウヒヂニ・スヒヂニ」とは、「浮泥土・洲泥土」あたりの当て字が可能で、葦原の湿地が固められる前の「ウキ」(後出)や「洲」の泥土《ひぢに》の神だろう。また、「角杙・活杙」とは、そうした湿地を固め立てる時に、欠くことのできない杭の神(角杙は、打ち込むために尖らせた杙、活杙は、杙の代わりになる根の張る植物、葦や菅)であろう。先に3で見た、神武后のイスケヨリヒメの母方の祖父は、三島の溝杙《みぞくい》の神だった。溝(堀江)造成の際に必須の杭の神である。

始祖神生成の神語りで、これだけの神名を挙げながら、その後の語りにおいては、葦原中国に関わる動静は、海人《あま》族に比べても、はなはだ覚束ない状態である。もっとも、大国《おほくに》主神《ぬしのかみ》は、幾つもの名があり、中の一名は「葦原シコヲ」でもあったから、出雲国風土記・播磨国風土記などに遺されたその神語りは、葦原中国のものと言えるのだろう。ただそれらは、すべて神代のことで、現実味のある飛鳥・奈良時代あたりになると、初期文献内では、語られることも歌われることも無くなってしまい、葦にまつわる「葦船・芦屋・葦垣」といった名のみから、何となくその気配を想像するといったあたりで終わってしまう。

ただ、人々から、その記憶が、きれいさっぱり無くなったわけでもなかったことは、続日本後紀巻十九の仁明天皇嘉祥二年（八四九）に、興福寺の法師等が天皇の四十賀に奉献したという長い長歌があって、そこでは、

日本《ひのもと》の　野馬台《やまと》の国を　賀美侶伎《かみろき》の　宿那毘古那《すくなひこな》が　葦菅を　殖生しつつ　国固め
造けむより

とある。大国主神の伴侶である少彦名神《すくなひこなのかみ》が、「葦菅」をいわば「活杭《いくくひ》」として植え生《おお》し、「国固め」造成したのがヤマトだ、というのであろう。

ところで、Ⅱの3の「山シロ」のところで挙げた『宇治拾遺物語』には、「上緒主《あげをのぬし》、金《こがね》を得る事」という平安初頭のことかと見られる語りがある。語りの初発時期が推察されるのは、物語の末尾に「源貞の大納言」（嵯峨天皇男、貞観五年没）との関わりが語られることからである。物語後半部分が、当面の問題に関わるのだが、次にその前半の大筋と、後半の関係する部分を挙げる。

（上緒《あげを》の主《ぬし》とあだ名される人物が、たまたま夕立に遇い雨宿りしたところで、金《こがね》を内蔵していると目を付けた、腰かけになる程の大きさの石を手に入れる。その石を運んで帰り、うち欠きうち欠きして、米・銭・綾等と替えているうちに、大変な物持ちになった。そこでつぎには、）

西の四条よりは北、皇嘉門よりは西、人も住まぬうきのゆぶゆぶとしたる、一町ばかりなるうきあり。そこは、買ふとも値もせじ（安いだろう）と思ひて、ただ少しに買ひつ。……

上緒の主、此のうきを買ひ取りて、津の国に行きぬ。舟四五艘《そう》ばかり具して、難波わたりに往《い》ぬ。酒・粥《かゆ》など多くまうけて、鎌、また多うまうけたり。行きかふ人を招き集めて「此の酒・粥参れ」といひて、「そのかはりに此蘆《このあし》刈りて、少しづつ、得させよ」といひければ、悦《よろこ》びて集まりつつ、……かくのごとく三四日刈らすれば、山のごとく刈つ。舟十艘《そう》ばかりに積みて、京へ上る。（下人どもに舟の綱手を引かせ）加茂川尻に引きつけつ。それより車借《くるまがし》に物を取らせつつ、その蘆にて此のうきに敷きて、下人どもをやとひて、その上に土はねかけて、家を思ふままに作りてけり。

南の町は、大納言源の貞《さだ》と言ひける人の家、北の町は、此の上緒の主の、うめて作れる家なり。それを、此の貞の大納言の買取りて、二町にはなしたる也けり。それ、いはゆるこの比《ごろ》の西の宮なり。……

つまり、「うき」と言われる、ぶよぶよした湿地に、刈り取った蘆をたくさん敷き詰め、その上に土をはねかけて固めると、家を建てることもできるような土地になり、何年か経った後には、それらのことも忘れられる程に、家の立ち並ぶ京の一角になっていたということである。なお、平等院の建てられた宇治《うぢ》も、かつては低湿地の「ウキヒヂ」だったと思われる。なお、伊勢神宮内宮の門前にも「宇治」という地名が古くからあって（かつては家もない洲だった由）、両地の「宇治」は、当然その昔は同義（同様の地勢）だったと見られる。

おそらくヤマト政権を継ぐ平安貴族などには、こうしたいわば古来の湿地の干拓法などは、物珍しくて詳しく物語する程のことだったのかもしれないが、湿地だらけだった「葦原中国」のそこかしこでは、いわば大国主神や少彦名神の活躍した神代の昔から、普通に行われて来たことだったと思われる。なお、金井典美『湿原祭祀――豊葦原の信仰と文化』（法政大学出版局）という、そのあたりに切り込んで、列島各地の地勢や辛うじて遺っていた祭祀等から、喪われかけた古《いにしえ》を窺う労著がある。

さて、京近辺での葦の調達は、右にもあるように、もっぱら津の国難波だったようで、「上緒の主」の物語と同じ頃のことかと思われる、大和物語の「津の国の難波《なには》のわたりに家してすむ人ありけり。」とはじまる、いわゆる「芦刈《あしかり》」の（谷崎潤一郎の小説の種本にもなった）物語がある。

そこでは、生活に困じた夫婦が、離れがたいのは山々ながら、ともかくそれぞれに生きる道を求め、よくなればまた一緒に、などと契《ちぎ》って別れた。その後、女はたまたまよき宮仕えがかない、思いがけずそこの主の後添えにさえなったが、かつての夫との契りを忘れられず、周りにはなんとか言い繕《つくろ》って、牛車に乗り探し求めた。男の方は、さらに貧しさがつのるばかりで、葦を担って商う落ちぶれた姿で、車上の妻と再会した。そこで互いの切なくやる瀬ない思いを「芦刈」に託して歌を交わした。「後には、いかがなりにけむ、しらず」という、これぞ「やまと」物語という、深い「あはれ」を曳く物語である。

とまれ、葦を担って商う極貧の生業があるほどに、その需要があったということだろう。万葉集では「葦が散る」とは「難波《なには》」の枕詞であったが、葦の花が散るなどといったことではなく、難波一帯で大がかりな刈り取り作業が行われていて、集め残しの葦の茎が雑に散らばっていたのである。

大船に葦荷《あしに》刈り積みしみみにも　妹《いも》は心に乗りにけるかも　（万　二七四八）
蘆刈りに堀江漕ぐなる楫《かぢ》の音は　大宮人の皆聞くまでに　（同　四四五九）

葦を刈って、大船に沈みそうになるほどに積み込み、そのような「芦刈舟」が梶の音もかしましく堀江を往来するほど、葦の需要が高まっていたということだろうか。ちなみに、関東の地名の「足利《あしかが》」も、「葦の利益《かが》」といった意かもと推測される。

万葉集の歌から推測すると、京で流行りの葦の用途は、もっぱら「葦垣《あしがき》」だったようだが、「葦（の）屋」というように、家も作られていた。先の、大和物語「蘆刈」の冒頭、男女が難波で「家して住」んだという家は、芦屋だったのだろう。平安和歌には、「葦の仮屋・葦の篠屋《しのや》・葦のマロ屋」など、侘《わび》しい景物として折々歌われていた。辞書等では、もっぱら屋根が葦葺きの屋とされるが、屋根だけでなく、マルごと葦作り（まろ屋）だったと思われる。仮小屋風の場合もあっただろうが、その昔は、族長の屋など、手の込んだ立派な作りも可能だったたと思われる。

海外の例だが、中東のチグリス・ユーフラテス川沿いに、葦で作られた、アーチ型の入り口などもある壮麗なモスクのある映像を見て感動したことがある。ただし、葦の茎は、新しい時は光沢もあって実に美しいが、日に晒されるとすぐに古びてしまうので、家や垣や舟などの場合、頻繁に作り替えがなされてもいただろう。年ごとに需要もあったということでもある。ちなみに「芦屋《あしや》」は、兵庫県の地名となって今も健在である。関西では指折りのお屋敷町である。万葉集に出る「芦屋」と、何ほどかの繋がりがあるのだろうか。

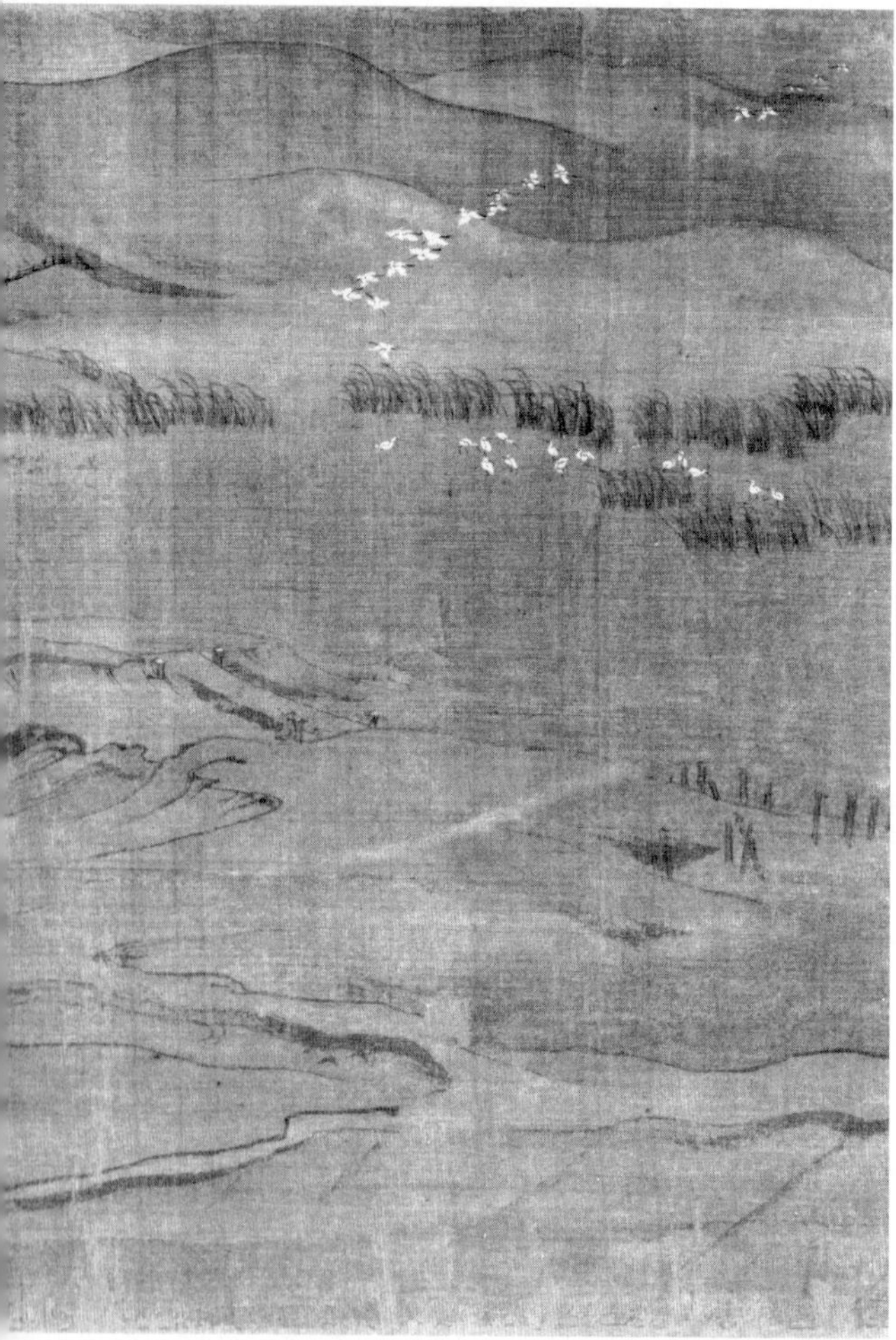

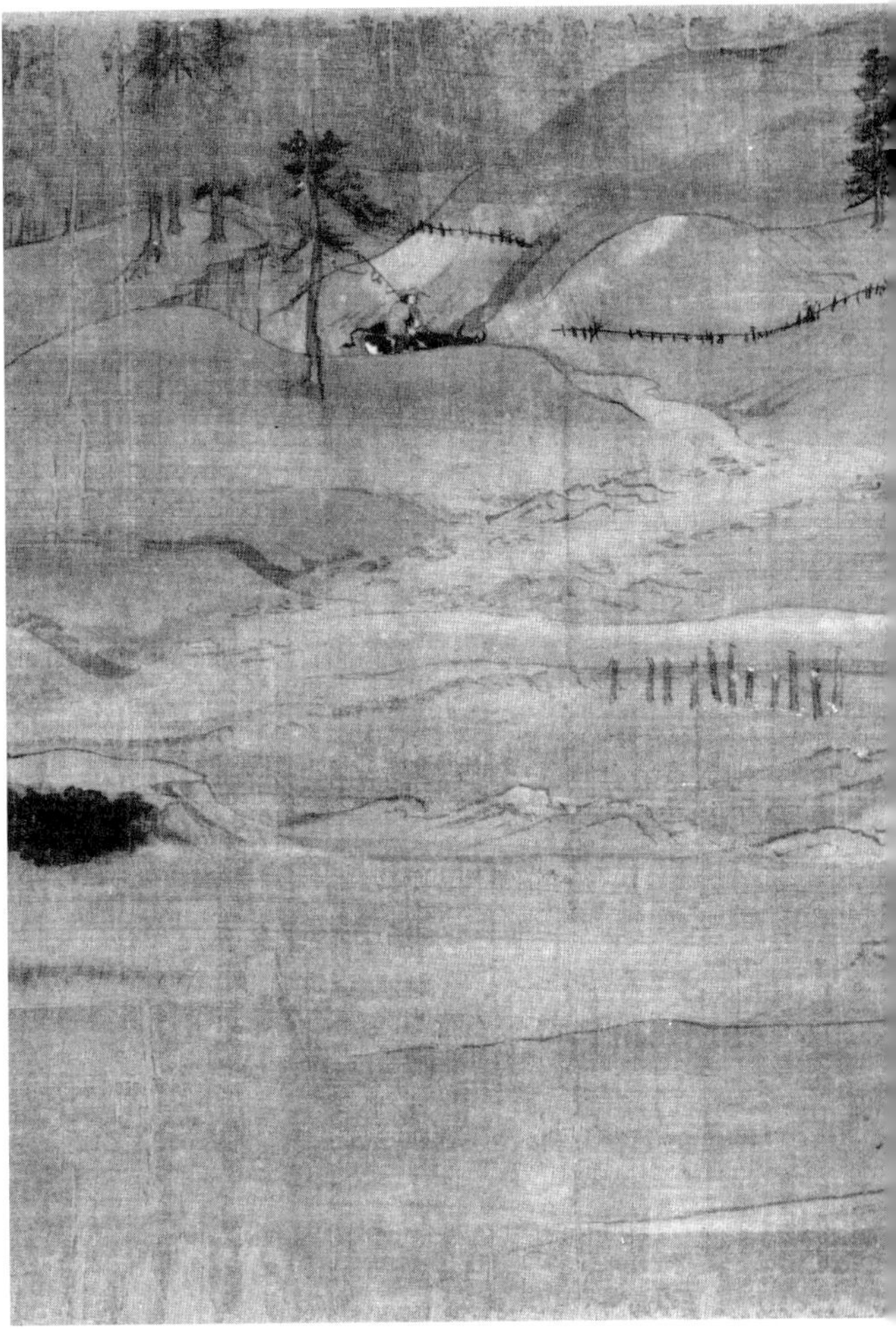

『一遍聖絵』（清浄光寺蔵）　下野国　小野寺界隈

なお、列島中、至るところに広がっていた葦原やウキ（湿地）の風景は、むろん列島の原景とも言うべきものだったが、近世以降も、埋め立て・干拓なども進んで徐々に狭まり、その後の都市化や沿岸工場地への転換等で、いつしか消失していった。

ただ、鎌倉時代に描かれた『一遍聖絵』は、唯一と言ってもよいほど、古の姿を写し遺している絵である。各場面、一遍の足跡を辿っての実写を踏まえていると言われているが、一見必要以上に広々と展開した、ほとんど何もない深い緑と茶を主体に彩色された風景は、富士の裾野をはじめ、下野国小野寺界隈、兵庫の輪田の泊に続く明石の浦あたり等々、人事描写の細部に独特のこだわりもあるこの絵巻の、絵師の今一つの視線も思いやられて、しみじみと心魅かれる景でもある。

6　桜島　——サ・クラ

「桜島」は、これまで見てきた地名に比べて、一見とくに奇態さのない、普通の地名のようである。しかし、日本中の誰もが知る、この勇壮な「活火山」の名が、なぜ、優美な「桜」島なのかは、少し不思議なところもあるだろう。同じく太古からの火山であっても、「阿蘇《あそ》」や「富士《ふじ》」のような音仮名表記ならば、ともかくヤマトコトバよりも古そうな感じもして、確かな語源など分からなくても、それなりに得心される。だが、「桜」という日本人なら知らない人もいない花言葉では、それらの山々に並べることも、ちょっとためらわれるではないか。阿蘇や富士と「桜島」とは、どのように異なるところがあったゆえの命名だろうか。

万葉集で、「桜」を含む地名の出る唯一の歌は、次のものである。

桜田へ鶴《たづ》鳴きわたる　年魚市《あゆち》潟《がた》潮干《しほひ》にけらし　鶴鳴きわたる　（二七一）

これは、高市黒人の羇旅の歌で、和名抄に「尾張国愛智郡作良」とあるのが、この「さくら」田のことだと見られている。万葉集では、著名な歌人の旅の歌で、地名が詠まれる場合、何らかの由緒ある所であることが多いが、この地については、景行紀五十一年に、

初め、日本武尊の佩《は》かせる草薙横刀《くさなぎのたち》は、是今し尾張国の年魚市郡《あゆちのこほり》の熱田社《あつたのみやしろ》に在り。
（後に）朝廷に進上《たてまつ》りたまふ、云々

といった記事との関連が思われる。アユチは、後の「愛知《あいち》」である。黒人の眺めた頃は、まだ潟の広がる海沿いだったのだろう。「桜田」もその近くであろうか。現在「元桜田町」等の名が遺る由である。

「桜田」というと、江戸の「桜田」門の名が思い出される。江戸末に桜田門外の変のあった所で、現在は皇居の南端であるが、江戸初期は、江戸湾に面した低湿地（まさに「江」）だったそうである。尾張の桜田も、江戸の桜田も、その昔、地勢的には似通った場所らしいということは、興味深い。

江戸の桜田からは、湾を越えて東方に、千葉県「佐倉《さくら》市」というところがある。音は、「桜」と同じだが、「サ・クラ」と分けて字が当てられている。今は市であるこの「佐倉」

は、和名抄の郷名等には出ないので、古代からあった地名なのかは、今一つ不明である。しかし、「桜」と表記されているものも、もしかしたら「サ・クラ」でなかったかというヒントになる。万葉集と同じころの京の流行歌謡でもある「催馬楽《さいばら》」歌の中に、一般に「桜人・桜麻呂」と字を当てられる語が見られる。ある種の若者を指すようだが、私見では、「サ・クラ人、サ・クラ麻呂」で、「蔵」の雑役に従事する新入りの「蔵人《くらびと》」を指したのではないかと推測している。「サ」は、3で触れた「サキ河」の「サ」と同様で、「新・初・若」あたりの意を添える古い接頭辞である。

少し視点が変わるが、伊豆諸島の、東京湾に近いところに、「御蔵島《みくらじま》」という島がある。七千年前ごろまでは、火山だったそうである。また石川県の輪島沖に、「舳倉島《へくらじま》」という島がある。近年も海女の活動拠点として知られた島だが、もともと溶岩が冷え固まった島で、二万年前は、能登半島と地続きだったとも言われている。

ミ・クラ（蔵）島・ヘ・クラ（蔵）島とくれば、サ・クラ（蔵）島と、並べたくなるではないか。なお、ヘクラの「ヘ」は、舟の「舳（へさき）」というより、「沖つ波、辺つ波」「浜辺」などに通う「ヘ」だろう。ともかく三者共々接頭辞は異なっても、地理的・地勢的には似通っている。

ところで、「クラ（蔵・倉）」は、何かの物を収蔵する建物のことというのが、古代でも一般的である。しかし、遠くさかのぼれば、文献中でも一定、収蔵庫以前の「クラ」に込められた意味を知ることができる。

「天磐座（アマノイハクラ）」（神代紀下）
「天の神庫（ホクラ）」（垂仁紀八十七年）・「宝倉ホクラ、一云、神殿」（和名抄）→祠《ほこら》
「ミテグラ」（神楽歌採物）・「幣帛《みてぐら》」（祝詞祈年祭、他）

これら、「磐クラ・ホクラ・御手グラ」の「くら」とは、神の坐す所、あるいは依り付く所つまり「神座」を指している。なお、マクラ（枕）とは、夢に神の示現がある所、アグラ（呉床・胡床）とは、玉座のことでもあった。

さて、これだけでも、火山をクラというのは、火を噴く神の座としての呼称だったと言うこともできるだろう。ただし、内陸の火山には、「クラ」を持つ名がないところからは、海を望む火山ならではの、「クラ」との関わりがあったのである。万葉集に、

我妹子が赤裳ひづちて植ゑし田を　刈りて蔵《をさ》めむ倉無しの浜　（一七一〇　人麻呂）

という歌がある。「倉無しの浜」という言い方には、浜には「倉」があるのが普通だといった含みがあるように思われる。また、

其の浦の口に、男女の二神あり。男神を大倉主と曰《まを》す。　（仲哀紀八年）

住吉の　大倉向きて　飛ばばこそ　速鳥と言はめ　何か速鳥　（播磨国風土記逸文）

「浦の口」に「大倉主」という男神がおり、また、住吉（住之江）にも「大倉」があったという記事である。おそらく、遠い昔、アマ族が力を持ち、主要な「浦々、島々」には、「ワタツミのイロコの宮」のような立派な族長の宮もあったかもしれない頃、そこには、「倉」もあったということではないだろうか。

我君《わがきみ》ノ　御倉ノ山ニ　塩ノ満如《みつごと》　富コソ入坐《いりませ》　ヱイヤ　ヱイヤ　ヱイヤ

（皇太神宮年中行事）

「ヱイヤ　ヱイヤ」とは、船を漕ぎ寄せる掛け声である。「御倉の山に潮の満つ」とは、

あるいは、海蝕洞などと言われる、海辺にできた洞穴に潮が満ちるということで、もしかしたら「クラ」の初めは、そのような自然の洞窟を言ったのかもしれない。大国主神の別名という「大穴《おほな》牟《む》遅《ぢ》神」（古事記）は、出雲国風土記や伊予国風土記逸文では「大穴持《おほあなもち》命」とされており、「天の磐座《いはくら》」とは、天然の洞窟のことでもあっただろうから、そのような「大穴（クラ?）」を持っていることが、力の象徴ともされた遠い大昔があったのだろう。

ところで、日本語の動詞は、語尾音によって類別できる特徴があるが、代表的な「ル」や「ク」や「フ」に続き、「ブ」の語尾音でも、特に三音節の動詞に顕著に語が展開している。「まなぶ・あそぶ・むすぶ・えらぶ」等であるが、その語尾音ブには、本来名詞だったものを語幹にして動詞化する作用もあり、「宮ぶ（→雅）・鄙《ひな》ぶ、篠《しの》ぶ（→忍）・蔓《つる》ぶ（→交）」などの例を拾うことができる。そして、ここで注目されるのが、「くら・ぶ」である。「くらぶ（→くらべる）」は、近年では、一般に「見比べる・背比べ」などと、比較するといった意で使われるが、「腕くらべ・根《こん》くらべ・駆けくらべ・宝くらべ」等、「競《きそ》う」の同義別語としての用法が古代からあった。宮廷の「競馬《くらべうま》」、「力クラブ」（新撰字鏡）、「競渡　フナクラベ」（和名抄）などである。この「くらぶ」の「クラ」は、「宮ぶ」の「宮」のあり様とも類似して、多分「倉」である。

『魏志倭人伝』冒頭部には、倭国は「良田無く、海物を食して自活し、船に乗りて、南北に市糴す」「田を耕せども、猶食するに足らず、亦南北に市糴す」などとあり、この繰り返される「市糴《てき》」とは、直接には市で穀物を買う意だが、要するに「船で南北」に、盛んに穀物と塩や魚の干物等を交換する交易をしていたということであろう。倭人伝の筆者すなわち大陸（内陸）の観察者が、列島沿岸部の海人の珍しい生態を、倭人のすべてだと誤解した風でもあるが、とまれ、その交易とは、相互に物の価値を「クラべる」ことで成り立つもので、そうした交易の拠点が「クラ」でもあったゆえの言葉の出所だったのではないかと想像される。クラには、ただ貯め込んでいただけでは、生活の資にはならないもので、当然、不足のものを手に入れるための活発な交換が、クラを拠点になされていて、それが、「クラぶ」であったと推測される。ただし、「市糴」には、「商う」という語の方がより合致する。「アキナフ」とは、「秋の収穫物をもとにやりとりする」ことである。「あきなふ」と「くらぶ」とは、太古、同義別語だったと見られる。

ところで、宇治拾遺物語には、

山科《やましな》の道づらに、四宮《しのみや》河原といふ所にて、袖くらべといふ、商人あつまる所あり。

（四宮河原地蔵事）

という一文がある。これは、単に「その辺《あたり》の下種《げす》」が、夢に地蔵が誰かと会話するのを聞いて、地蔵像を刻んだまま放置していたことを思い出し、「開眼供養」したという話で、「商人《あきびと》」が「袖くらべ」という商いをするといったことは、話の本題とはとくに関係がない。ただ、平安期、商人（ほとんどが行商人）は、耳寄りな話題を持ち歩いている職種の一つなので、「宇治」筆者への情報提供者を、冒頭で匂わせたのかとも思われる。

それはそれとして、この「袖くらべ」とは、どの注釈書も「商いする者同士が袖の中で指を使い、値段を決める方法」といった解釈をし、辞書類もすべてその解で、ただし用例はこれが唯一例として示されるばかりで、要するにすべて誰かの始めた推測の解を踏襲しているというものである。

袖等で覆った中で指で示し合って商いする方法は、今でも山口県下関のフグの売買でなされている（「袋セリ」という）と仄聞もするが、そもそも下々の着衣すべてに袖が付くようになったのは、かなり遅く、私的な造仏が盛んだった平安前期の話だとすると、袖付き衣は、市中では通貨の代わりにもなる高価なものだった。何より、いわゆる貨幣経済など全く未熟の当時、商う現物を見クラベず、袖の中で抽象的に価をやりとりすることなどありえないとも思われる。私見では、「袖くらべ」とは、そのまま「袖つけ衣」（万葉　四三一五「宮人の袖付け衣」）を河原に広げてくらべる（商う）ことだったのではないかと思ったりする。とまれ、「くらぶ」が、平安中頃も、商う意で通用されていたという貴重な一例であった。

さて、あれこれいささか遠回りな例も見てきたが、本題は、「桜島」は、なぜそんな名で呼ばれているのかということであった。まずは、サクラは、その初めは「桜」ではなく、「サ・クラ」だった可能性があるということである。サ・クラとは、「サ井」川が、常に新しい水を湧出させている如く、すでに鎮まっている（古く「コル」という）「ミ倉島・へ倉島」とは異なり、新たな火を噴き続けている（古く「サカル」という）「サ倉島」という「神座《かむくら》」である。

さらにまた、その海辺ならではのサ・クラとは、かつて、「クラぶ」という盛んな交易活動によって「潮の満つごと」新たな「トミ（富）」がもたらされていた、神意のはたらく拠点でもあった。愛知や江戸の「桜田」も、田が墾《は》られる以前、遠い時の彼方を辿れば、そのような浜あるいは江の、「サ・クラ」があった所だったかと想像もされる。

結びにかえて——タ(田)の来歴

「田畑」というと、稲を育てる水田と、稲以外の食用となる植物を作る畑のことだとは、言うまでもないことだと思っている。そのことは、

すめろきの　敷きます国の　……　作りたる　そのなりはひを　雨降らず　日の重なれば　植ゑしタも　播きしハタケも　朝毎に　萎み枯れゆく　……

（万　四一二二　家持）

と歌われてもいる古《いにし》えからだと思って、何の問題もなさそうである。しかし、古代語では、たとえば稗田阿礼の「稗田」あるいは「粟田・豆田・桑田」等、水田ではないのに、「田」と言うこともある。

十巻本和名抄巻第一田野類に挙げられる関係の語を、とりあえず註解の漢籍等の引用は

省き、項目および付される和名のみを挙げると次のようである。

田　和名タ　水田コナタ
佃　和名ツクリタ
火田　ヤイハタ
白田　一曰、陸田　和名ハタケ
粟田　アハフ
豆田　マメフ

ここで、まず注目されるのは、「水田」が「コナタ」だとされていることである。和名抄ばかりでなく、平安期の他の辞書、類聚名義抄・色葉字類抄でも「水田」の訓はみな「コナタ」である。僧の手になる新撰字鏡にも「コナタ」は出ていて、ただし対応漢字は「墾」とされ、「耕田用力也」などと注がついている。後世、「水田」はもっぱらスイデンと言い、コナタともミヅタとも言わない。

「コナタ」のコナとは何かといえば、「コナ（熟）す」あるいは「コナ（粉）」と同音同義だと見られる。つまり水田は、水よりもまず、土を、力を用いてよく耕し、粉のように熟《こな》した田だと見なされていたのである。ちなみに、万葉集の女性歌人の筆頭に「額田王《ぬかたのおほきみ》」という名が挙げられるが、推古天皇の幼名も「額田部皇女」で、当時、「額田」が、高位の女性の名に相応しいとされたことが知られるが、「額田」とはつまり「糠田《ぬか》」のことで、養分たっぷりの糠のような田で、稲の出来がよい田ということだと見られる。コナ田以上の田であったということだろう。

ならば、水田《こなた》ではない普通の田とは、どんなものだったのだろうか。和名抄の「田」の解は、まずは漢籍の「釈名曰」として、「土已耕者為田」とある。土を耕せば田と為《な》るということならば、この地でも同様で、ただし、粉になるほどに耕す（田返す）ことはなかったのだろう。また、「田《タ》」とは、一音節語で、日本語において、ア行・ラ行以外の音を網羅してもいる多くの一音節語は、単純で原初的な意味の言葉だと見なしうるものばかりである。水田稲作の、いわゆる縄文的社会だったこの島への伝来あるいは初発時において、タ（田）は、その稲作とともに渡来した語とはとても思えない。とすると、最初に述べたような、「田」とは水田のことだというのは、水稲を始めた当初からはかなり時間を経ての、変遷した認識ということではないだろうか。

たらちし　吉備の鉄《まがね》の　狭《さ》鍬《くは》持ち　田打つ如《な》す　手《た》拍《う》て子等《こら》　吾は儛為《まひせ》む

（播磨国風土記　美嚢郡）

打つ田には稗は数多《あまた》も有りといへど　撰《えら》えし我そ夜一人寝《ぬ》る

（万　二四七六）

これらの例において、「田」は「打つ」ものだと言っている。この「田を打つ」とは、深く考えず「田を耕す」ことだとする解釈も多いが、「打つ」と「田返す」とは作業としてかなり異なる。「うつ」とは、いわば原初的な動詞の一つで、何かに何かを勢いよく当てる動作のことである。この場合、打つ作業が必要な「田」とは、おそらく野焼き・山焼きして、草木をざっと焼き払った後に、すっかり灰になるわけではない焼け焦げを、打ち均《なら》す作業ではなかっただろうか。打ち均して「田平《たひら》に」広がったツチ（地面）、それが原始的な「田」であったと思われる。むろん「火田」にするのではなく、剣《つるぎ》（蔓切）や鍬様の道具で、切り開き均した「田」もあったであろう。そして、タと発音する時の、舌を平らにして上顎面を打つ感覚が、そのまま平らな田に対応するとしての命名でもあったと思われもする。

タ（田）という言葉の移り変わりを整理すると次のようである。

田
→うつ田──火田《ほた》＝焼きハタ　陸田《をかだ》（乾田）──→畑（ハタケ）
→こな田──→水田──→田
──田畑

畑は、本来、火田《ほた》として、田（均した土）の主流だったが、水田稲作の普及により、水田の方が、次第に田の主流になったため、本来主流だった火田は、中世以降その文字を横並びに一字化した「畑」という和製漢字を持つことにもなり、火との関わりは薄れた乾田として、田（水田）と相並ぶことになったのである。なお、「焼きハタ」という言い方は、すでに和名抄に見えて、「ハタ」が本来「焼き田」だったことが曖昧になっていたゆえに、改めて「焼き」を冠したのだろう。たとえば、「ワザ」という語が、本来神意の発現を言うものだったが、使っているうちに単なる技術・技能の意になったために、改めて「神ワザ」と「神」を冠したというあり様に類似する。付いたり付かなかったりするハタケの「ケ」は、「食《ケ》」だろうか。とまれ、いわゆる縄文期以来の「タ」という言葉は、そうした長い来歴の中で、いつしか稲作水田に特化されてきたが、音ばかりは今も往古のままなので、水田以前のことは忘失されたのである。

なお、前掲の和名抄の「粟田・豆田」には「アハフ、・マメフ、」という和名がついているが、「フ（生）」とは、「浅茅生《あさぢふ》・埴生《はにふ》」等のフとも同様、本来単一の植物等が半ば自然に生え広がっている（いわゆる野ら生えの）所を指す語で、粟田・豆田等も、もともとその程度の、手をかけない植生の所だったことを示唆してもいる。あえて「ツク田←ツクリ田」という言葉もあったことからは、稲を植える田とは、自然に任せず意識的に「作る」ものだったということなのだろう。

さて、神代紀においては、葦原中国の土着神であった保食神《うけもちのかみ》の死屍から生《な》った五穀を、天照大神が、粟・稗・麦・豆を陸田種子とし、稲を水田種子として、その稲種をもって、初めて田植えをしたのが水田稲作の始まりであったとされている。その神語りが、どれほどの呪力を及ぼしていたかはともかく、「顕見蒼生《うつしきあをひとくさ》の食ひて活くべきもの」を作る田のチカラ（「主税」の訓でもある）への認識は、おそらく熱病のように列島に広がって、青人草たちは、どんな地勢かを深く考えず、せっせと「田」を「ハル（墾＝貼）」ことになったのである。

Ⅰで検討した「原景語」は、すべて「田」で承ける地名になっている。「野田・山田・川田・海田・原田・江田・浦田・島田・国田」などは、現代では、すべて人名（姓）としても馴染みのあるものだが、それらの姓が地名から出たものであることは言をまたない。中で、「海田」は、海に田をハルことなどありえないので、多分「開田《かいだ》」からの当て字の変転かとみられるが、「川田」はどうだろうか。

「川」に田を墾《は》るとは、具体的にどんな風に可能かは、次のような川の名（地名）が、明らかにしてくれる。「隅田川・瀬田川・沢田川」といった川である。つまり、川の隅の方の河原を利用する、浅瀬になっているところを利用する、川床の水草など生えた沢を利用する、というわけだったのだろう。なお、サハ（沢）という語は、Iの2の川についてのところでも触れたように、列島の東・西で指す地勢が今でも異なり、東では、山間の「谷川」を言うが、西では、荻や杜若《かきつばた》なども生えている（伊勢物語）川中の水たまりを言う。いずれにせよ、稲を植えるには、水のある所でなければということで、労作と工夫の必要な灌漑に取り組む前に、手っ取り早く、水のある川床や湿地に苗を植えてみたというのだった。

ならば、「葦原の中つ国」としては、水があるのは、まずは「葦原」そのものだろう。

　葦原田《あしはらた》の　稲《いな》つき蟹《かに》の　や　おのれさへ　嫁を得ずとて　や　捧げては下ろし　や
　下ろしては捧げ　や　腕挙《かひなげ》をするや　（神楽歌）

ただし、「葦原田」は、万葉集には歌われないし、記・紀にも触れるところはない。ただ、「豊葦原の水穂の国」という表現ならば、神代記紀や万葉集・祝詞《のりと》などでの盛んな自讃の褒め言葉である。それは、一見「葦原」で「水穂（稲）」が豊かに実ったかに言っているが、実際の葦原とは、葦や茅等の草の「シコル」根がはびこり、泥も深く（フケという）、水が出れば浅い植え付けの稲などはすぐ流されるといった、稲作適地ではなかったようである。和名抄の郡名には「葦田」というのが伊勢国「アシミタ」、備後国「アシタ」という訓が付いて見えるが、葦と田との関わり方ははっきりしない。

また、堅田《かたた》（潟田）・須田《すだ》（洲田）といった地名由来の人名もある「潟」や「洲」、神楽歌に見える「みなと（水な門→湊）田」などはどうかといえば、おそらく塩水が流れ込んで稲は育ちにくい地帯が多かったのではないだろうか。Ⅲの6で引いた「サ・クラ田」は、満ち潮の入らない地点だったかと思ったりする。

あるいは、神代紀第三書には、天照大神の良田と、スサノヲ尊の悪田の対比例が見えるが、良田とは、「安田・平田・邑幷《むらあはせ》田（意味不明）」と、やや抽象的だが、悪田の方は、「橛《くひ》田・川依《かはより》田・口鋭《くちと》田（意味不明）」と、具体的である。つまり悪田とは、橛（切り株）だらけの田、川依りの流れやすい田というような、田を墾《は》る所の失敗地だったのだろう。他方、良田の「安田・平田」は、普通に地名への移行もあったし、人名への転位もあって身近な誰彼の姓でもある。

さて、そのような千年もに及ぶ長い試行錯誤の跡を田を持つ地名に遺して、この列島の水田稲作は、初期文献の時代、あたかも、後世、弥生時代と言われる大昔から、水田稲作

で易々と食を得て来たかのような見え方を呈していたのである。しかし、万葉集の中から次のような歌を拾えば、

衣手《ころもで》に水渋《みしぶ》付くまで植ゑし田を　引板《ひきた》吾が延《は》へ守れる苦し　（一六三四）

春日すら田に立ち疲る公《きみ》は哀《かな》しも　若草の妻無き公し田に立ち疲る　（一二八五）

稲つけばかかる吾が手を今夜《こよひ》もか　殿の若子《わくご》が取りて嘆かむ　（三四五九）

などと、稲作は、直接携わる民にとっては、やはり苦行だったし、稗田・粟田・豆田等も並行していたようだから、大多数の民は、当時も多分「陸田種子」や芋類等の雑食だったかと想像もされる。

江戸時代、「救荒（備荒）草木」などとして、野山に自生する実にさまざまな食用になる草木（とくにその根）がリストアップされた書が幾つもあり、飽食の現代も、そのうちの美味なものが、「山菜」などと言って珍味とされていたりする。しかし、それは、おそらく長い長い飢餓の年月を踏まえた、「野山」の賜物のリストだったのである。

【著者】

木村紀子（きむら　のりこ）

1943年生まれ。松山市出身。奈良大学名誉教授。専攻は言語文化論・意味論。著書に、『古層日本語の融合構造』『ヤマトコトバの考古学』『古事記　声語りの記《シルシ》』（以上、平凡社）、『書《ふみ》と声わざ』（清文堂出版）、『「食いもの」の神語り』（角川選書）、『原始日本語のおもかげ』『日本語の深層』（以上、平凡社新書）、校注書に、『塵袋』（共校注）、訳注書に、『催馬楽』（以上、平凡社東洋文庫）がある。

平凡社新書１０４１

地名の原景

列島にひびく原始の声

発行日――2023年10月13日　初版第１刷

著者―――木村紀子

発行者――下中順平

発行所――株式会社平凡社

〒101-0051　東京都千代田区神田神保町3-29

電話　（03）3230-6573［営業］

ホームページ　https://www.heibonsha.co.jp/

印刷・製本―図書印刷株式会社

装幀―――菊地信義

ISBN978-4-582-86041-2

平凡社新書　好評既刊！

482
原始日本語のおもかげ
木村紀子
茸はどうして「〜タケ」？身近な語彙の影に文字以前の言葉と文化が見えてくる。

570
日本語の深層 ことばの由来、心身のむかし
木村紀子
身近な言葉の由来を辿ると、言葉と共に生きた遠い祖たちの姿と心が見えてくる。

694
連句の教室 ことばを付けて遊ぶ
深沢眞二
連句の秘訣は前句とは別の世界に転じること。教室での連句づくりに紙上参加！

742
女はいつからやさしくなくなったか 江戸の女性史
中野節子
近世のある時期、「やさしい女」から「地女」への脱皮が始まる。地女とは何か？

775
日本仏像史講義
山本勉
日本で独自の展開を遂げた仏像の美の歴史を新書一冊で簡潔かつ的確に語る。

823
漱石と煎茶
小川後楽
『草枕』はなぜ、忘れられた茶事「煎茶」を描くのか？明かされる過激な漱石！

851
一遍　捨《すて》聖《ひじり》の思想
桜井哲夫
インド、中国、日本の浄土教の流れの中で、その極に立つ一遍の思想をとらえる。

856
漢字とカタカナとひらがな 日本語表記の歴史
今野真二
複数の文字をもつ日本語は、いつ、どんな言葉を、どんな文字で書いてきたか。

新刊書評等のニュース、全点の目次まで入った詳細目録、オンラインショップなど充実の平凡社新書ホームページを開設しています。平凡社ホームページ https://www.heibonsha.co.jp/からお入りください。